Königs Erläuterungen und Materialien
Band 388

Erläuterungen zu

Jean Anouilh

Antigone

von Klaus Bahners

D1333957

C. Bange Verlag - Hollfeld

Herausgegeben von Klaus Bahners, Gerd Eversberg
und Reiner Poppe

Hinweis der Herausgeber:

Die Rechtschreibung wurde der amtlichen
Neuregelung angepasst.
Zitate wurden in der alten Schreibweise
übernommen!

Stadt-
Bibliothek
Nidda

2. überarbeitete und erweiterte Auflage 1997
ISBN 3-8044-1645-4
© 1994 by C. Bange Verlag, 96142 Hollfeld
Alle Rechte vorbehalten!
Druck: Druckhaus Beyer GmbH, Langgasse 25, 96142 Hollfeld

Inhalt

Abgewandte, ich weiß
Wie du den Tod gefürchtet hast, aber
Mehr noch fürchtetest du
Unwürdig Leben."

Bertolt Brecht

Vorwort

Antigone gehört nach wie vor zu den großen abendländischen Frauengestalten der Kultur und Literatur. Mit der dramaturgischen Fassung durch Sophokles (441 v. Chr.) ist sie in die Weltliteratur eingetreten: Hier wird Antigone am Hofe ihres Onkels Kreon gezeigt, der nach dem Tod ihrer Brüder Eteokles und Polyneikes den Thron bestiegen und die Bestattung des Landesverräters Polyneikes bei Todesstrafe verboten hat. Antigone jedoch geht in Erfüllung göttlicher und menschlicher Pflicht, aber auch in dem ihrem Geschlecht eigenen Trotz zweimal auf das Schlachtfeld, bedeckt den Bruder mit Erde, wird gefaßt und verurteilt.

Die durch die strenge Führung des Konfliktes, das humanitäre Bekenntnis - „Nicht mitzuhassen, mitzulieben bin ich da" - und die Märtyrer-Haltung Antigones vorbildlich gewordene Tragödie hat in Antike und Neuzeit zahlreiche Rivalen, Nachahmungen und Bearbeitungen gefunden. Unter ihnen ragt die „Antigone" des französischen Dramatikers Jean Anouilh (1910-1987) in besonderer Weise hervor. Sie hat nicht nur für Anouilh selbst, sondern für das französische Theater der 40er Jahre, ja für eine ganze Generation einen hohen exemplarischen Wert. Die unterschiedlichen Deutungsmöglichkeiten und die der jeweiligen Aktualität angepaßten Inszenierungen haben immer wieder Schüler, Studenten und Lehrer auch - und gerade! - bei uns in Deutschland aufgefordert, sich mit diesem Drama auseinanderzusetzen. So ist es nicht verwunderlich, daß die „Antigone" von Anouilh von jungen Romanistikstudenten als einer der in der Oberstufe am meisten gelesenen Texte genannt wird - und dies nachweislich seit mehr als 25 Jahren. Die zuletzt durchgeführte Untersuchung von Wolf-Dietrich Albes[1] zeigt, daß Anouilhs „Antigone" nach dem „Kleinen Prinzen" von Saint-Exupéry (Platz 1) und dem „Fremden" von Camus (Platz 2) zusammen mit Ionescos „Rhinocéros" auf Rang drei der französischsprachigen Hitliste steht.

[1] Wolf-Dietrich Albes, Der Literaturkanon im Französischunterricht der gymnasialen Oberstufe, französisch heute, Heft 3/1993, S. 251-257.

In der folgenden Darstellung handelt es sich zuerst darum, mit den Lebens- und Werkdaten von Jean Anouilh vertraut zu werden. Anouilhs Bedeutung für das französische Theaterschaffen des 20. Jahrhunderts erschließt sich sodann aus zwei Texten der Sekundärliteratur und aus dem am 5. Oktober 1987 in der Frankfurter Allgemeinen Zeitung erschienenen Nachruf von Georg Hensel. Im Mittelpunkt der weiteren Ausführungen steht das Werk selbst. Zum Grundverständnis der historischen und personalen Zusammenhänge ist ein Rückgriff auf den antiken Mythos unerläßlich. Der Gang der Handlung - so wie Anouilh sie schildert - wird ausführlich erläutert, bevor sich ein kurzer struktureller Vergleich mit Sophokles' „Antigone" anschließt. Antigones Charakter, ihre Einsamkeit und Revolte bilden den interpretatorischen Kern des Hauptteils; diese Erläuterungen schließen mit zwei Strukturübersichten, die Antigone jeweils mit ihrer Schwester Ismene bzw. ihrem Onkel Kreon konfrontieren. Nach den für das Textverständnis notwendigen Wort- und Sacherläuterungen beschäftigt sich ein Exkurs mit der Problematik der Übersetzung des französischen Originals ins Deutsche. Im folgenden Hauptteil werden aus der kritischen Literatur verschiedene Aspekte zur Diskussion vorgestellt, die die bisherige Interpretation ergänzen, vertiefen, aber auch in Frage stellen können. Das Literaturverzeichnis schließlich enthält nicht nur die Belegstellen der zitierten Texte, sondern führt noch weiter in die Diskussion über Anouilhs „Antigone" ein. Die meisten der dort aufgelisteten Primär- und Sekundärtexte enthalten noch eine Fülle weiterführender Literatur, deren intensives Studium zu einem vertieften Verständnis der „Antigone" führen könnte.

1. JEAN ANOUILH

1.1 Zeittafel zu Leben und Werk

1910   Am 23. Juni wird Jean Anouilh als Sohn eines Schneiders und einer Klavierlehrerin in Bordeaux geboren.

1919   Die Familie zieht nach Paris, wo Anouilh die Ecole primaire supérieure Colbert und anschließend das Collège Chaptal besucht.

1928   Anouilh legt das Abitur ab und beginnt ein Jura-Studium, das er allerdings schon im Jahr darauf wieder abbricht.

1929   Nach einmonatiger Tätigkeit im „bureau des réclamations" der Grands Magasins du Louvre tritt Anouilh eine Stelle als Texter in der Pariser Werbeagentur Damour an. Die ersten Stücke entstehen („Humulus le muet" und „Mandarine").

1930   Für kurze Zeit wird Anouilh Generalsekretär der Comédie des Champs-Elysées bei dem berühmten Schauspieler und Regisseur Louis Jouvet. Im Oktober muß Anouilh seinen Militärdienst ableisten, wird aber nach wenigen Monaten als untauglich entlassen.

1932   Heirat mit der Schauspielerin Monelle Valentin. Am 26. April erste Aufführung eines Anouilh-Stückes: „L'Hermine" (Tragödie in drei Akten). Nach dem erfolgreichen Debüt beschließt der Autor, von den Einkünften seiner Arbeit für Theater und Film zu leben.

1933   Geburt der Tochter Catherine. Anouilh schlägt sich als Gag-Schreiber für den Film durch und verfaßt in den nächsten zwei Jahrzehnten regelmäßig Drehbücher.

1935   „Y avait un prisonnier" erlebt 65 Aufführungen; die Filmrechte an dem Stück werden nach Hollywood verkauft.

1937	Beginn der Zusammenarbeit mit den Regisseuren Georges Pitoëff und André Barsacq. „Le voyageur sans bagage" (Schauspiel in fünf Akten) ist der Durchbruch für den Dramatiker (fast 200 Aufführungen).
1938	„La Sauvage" (Schauspiel in drei Akten); „Le Bal des voleurs" ist Anouilhs erster großer, auch internationaler Erfolg.
1940	Anouilh wird zur Armee eingezogen, kommt jedoch nicht an die Front und wird nach der Niederlage Frankreichs auf dem Rückmarsch von den Deutschen gefangengenommen. „Léocadia" und „Marie-Jeanne ou La Fille du peuple".
1941	„Le Rendez-vous de Senlis" (Komödie in vier Akten); „Eurydice" (Schauspiel in vier Akten), Anouilhs Version des Mythos von Orpheus und Eurydike, ins Komödianten- und Musikermilieu verlegt.
1944	„Antigone" kommt im Februar zum erstenmal auf die Bühne und ist neben „Le Soulier de Satin" (Claudel), „Les Mouches" und „Huis clos" (Sartre) das Theaterereignis im besetzten Paris. Bis heute ist „Antigone" Anouilhs meistgespieltes Stück geblieben.
1945	Anouilh setzt sich für den Schriftsteller Brasillach ein, dem Kollaboration mit den Deutschen vorgeworfen wurde.
1946	„Roméo et Jeannette" greift die Geschichte von Romeo und Julia auf.
1947	„L'Invitation au château", ein virtuoses Spiel um verwechselte Zwillinge, wird ein großer Erfolg.
1948	„Ardèle ou La Marguerite" (Farce in einem Akt), Inszenierung: Jean Anouilh und Roland Piétri. Uraufführung des Balletts „Les Demoiselles de la nuit".
1950	„La Répétition ou l'Amour puni" (Komödie in fünf Akten), inszeniert von Jean-Louis Barrault.
1951	„Colombe" spielt im Theater - vor und hinter den Kulissen.

1952   „La Valse des toréadors" erlebt 200 Aufführungen und wird ein Welterfolg.

1953   Scheidung von Monelle Valentin. Anouilh heiratet die Schauspielerin Nicole Lançon; aus der Ehe gehen drei Kinder hervor.

        „Médée" (Schauspiel in einem Akt): Anouilh nimmt wieder einen antiken Stoff auf (die „Medea" des Euripides).

        „L'Alouette" (Schauspiel in zwei Teilen), Anouilhs Version der Geschichte der Jeanne d'Arc. Das Stück ist ein triumphaler Erfolg.

1954   „Cécile ou L'Ecole des pères" (Komödie in einem Akt) lehnt sich an seine berühmten Vorläufer bei Marivaux und Molière an: Es ist das Hochzeitsgeschenk für seine Tochter Catherine, die auch die Titelrolle spielt.

        Inszenierung von Oscar Wildes „Il est important d'être Aimé".

1955   „Ornifle ou Le Courant d'air", eine ironische Gestaltung des Don-Juan-Stoffes.

1956   „Pauvre Bitos ou Le Dîner de Têtes" ist Anouilhs Abrechnung mit der nach 1944 einsetzenden Säuberungswelle. Das Stück verursacht einen Skandal, so daß Anouilh es fünf Jahre für Aufführungen im Ausland sperrt.

1959   „L'Hurluberlu ou Le Réactonnaire amoureux" weist Parallelen zu Molières „Le Misanthrope" auf. „La Petite Molière", Schauspiel in zwei Teilen um Molière und seine Geliebten Madeleine und Armande Béjart.

        „Becket ou L'Honneur de Dieu", die Geschichte um den tragisch endenden Konflikt zwischen dem englischen König Heinrich II. und dem Erzbischof von Canterbury. Nach „Antigone" und „L'Alouette" ist dies Anouilhs nächster ganz großer Erfolg, für viele sogar sein stärkstes Stück (über 600 Aufführungen in Paris).

1960	„Le Songe du critique", Vorspiel zu Anouilhs Inszenierung von Molières „Tartuffe".
1961	„La Grotte"; „La Nuit des rois".
1962	„La Foire d'empoigne" (Schauspiel in einem Akt). Das einaktige „L'Orchestre" nimmt Motive aus „La Sauvage" wieder auf.
	Die „Fables" erscheinen: siebenundvierzig Versfabeln in der Art von La Fontaine, dessen Stoffe oft direkt aufgegriffen, aber mit einem bissig-pessimistischen Unterton versehen werden.
1964	Inszenierung von Shakespeares „Richard III".
1966	„L'Ordalie", Bühnenbearbeitung von Kleists „Käthchen von Heilbronn".
1968	„Le Boulanger, la Boulangère et le Petit Mitron".
1969	„Cher Antoine ou l'Amour raté".
1970	„Les Poissons rouges ou Mon Père, ce héros". „Ne réveillez pas Madame" spielt - wie so häufig bei Anouilh - unter Schauspielern und im Theater.
1972	„Le Directeur de l'Opéra"; „Tu étais si gentil quand tu étais petit" (Bearbeitung des „Elektra"-Stoffes).
1975	„L'Arrestation".
1976	„Le Scénario" ist eine Satire auf die Welt des Films.
1977	„Chers Zoiseaux".
1978	„La Culotte"; „Vive Henri IV".
1979	„La Belle Vie" (Fernsehspiel).
1980	Anouilh erhält den erstmals vergebenen Großen Theaterpreis der Académie française.
1986	„Œdipe ou Le Roi boiteux" veröffentlicht.
1987	Anouilh veröffentlicht seine Erinnerungen an die Jahre 1928-

1945: „La Vicomtesse d'Eristal n'a pas reçu son balai mécanique". Am 3. Oktober stirbt Anouilh in Lausanne, wo er seit vielen Jahren seinen Wohnsitz hatte. „Thomas More ou l'Homme libre" wird erst nach seinem Tod veröffentlicht.

1.2 Anouilh und das französische Theater des 20. Jahrhunderts

Jean Anouilh, geboren 1910 und somit nur zwei Jahre älter als Ionesco und vier Jahre jünger als Beckett, ist ein Autor, der in seinem Schaffen moderne und überlieferte Elemente des Dramatischen höchst wirkungsvoll miteinander zu verbinden weiß. Mit dem Pessimismus seines Weltgefühls (der sich in ironischem Widerspruch zur Produktionsfreudigkeit dieses Autors zu befinden scheint), mit der Vorstellung eines ans Absurde grenzenden Daseins, der er mehrfach in ungemütlichen, grimassierenden Stücken Ausdruck verliehen hat, steht Anouilh den Avantgardisten und ihrem schwarzen Humor näher, als man gemeinhin glaubt. Dramen wie „Ardèle oder das Gänseblümchen" (1947) oder „Der Walzer der Toreros" (1952) oder „Die Grotte" (1961), welche die moralische Korruption im Milieu der sogenannten anständigen Leute mit burlesken, farcenhaften Mitteln bloßlegen, sind nicht weit entfernt von dem schockierenden Theater der Ionesco und Adamov. Hier wie dort wird der Einfühlungsmechanismus, der früher die Beziehungen zwischen Bühne und Zuschauer geregelt hatte, brutal zerstört, und trotz der geselligen Qualitäten des bürgerlichen Lustspielschemas, an dem Anouilh festhält, sieht man sich unvermittelt dem kalten Grausen ausgeliefert.

Auf der anderen Seite hat Anouilh, an die Routine des Boulevardtheaters und des Vaudeville anknüpfend und zugleich der in seiner Jugend neu entdeckten Zauberkünste der Bühne als eines ursprünglichen Spiel-Raums sich bedienend, eine Art gehobener, bittersüßer Unterhaltungsdramatik geschaffen. Maske, Tanz, Pantomime, Musik tauchen seit dem frühen, prächtig beschwingten „Ball der Diebe" (1932) und dem aggressiveren, Sein und Schein in virtuoser Dialektik durcheinanderwirbelnden „Rendezvous in Senlis" (1937) immer wieder in anmutigster Weise als Mitspieler des Geschehens auf. Der in Schmutz und Jammer erstickenden Welt der berühmten Pièces noires Anouilhs, Werken wie „Jézabel" (1932), „Eurydice" (1941), „Antigone" (1942), „Romeo und Jeannette" (1945), „Medea" (1946), in denen der durch eine große Leidenschaft exponierte Mensch wie hypnotisiert dem Tod entgegentreibt, stehen so scheinbar völlig andere dramatische Lösungen gegenüber. Verwandlungsfrohe, phantasievolle Welttheater-Stücke wie „Einladung aufs Schloß" (1946) und „Leocadia" (1939) oder das aus Molièreschem Geist gedichtete, entzückend präzise Divertissement „Cécile oder die Schule der Väter" (1954) bieten ironisch-märchenhafte, glückliche Antworten auf die gleichen Fragen, die in den tragisch gestimmten Stücken Anouilhs ausweglose Konflikte erzeugen.

Kein Zweifel, daß der Autor mit vielen seiner sogenannten Pièces roses Funktionen übernommen hat, die einst die Operette besaß. Bezeichnend hierfür ist der aristokratische oder zumindest wohlhabend-bürgerliche Rahmen, in dem die Handlung bei Anouilh häufig spielt. Die pensionierten Generale, die ihre Dienstmädchen poussieren, die melancholischen Finanzleute, die ihr Geld verachten, die Liebhaber, die auf die Ehemänner ihrer Angebeteten eifersüchtig sind, die vielen auf raffinierte Gesellschaftsspiele und proletarische Unschuld gleichermaßen erpichten vornehmen Schwerenöter vom Typ des Herrn Ornifle, kurz: die Suggestion einer bunten, kurzweiligen, leichtfertig-unmoralischen Gesellschaft, die nicht nur Zeit für ihre privaten Skandale und Nervenkrisen hat, sondern sie überdies in geistreiche Konversation und wohlstilisierte Bosheiten umzumünzen weiß, dies alles erklärt manches von dem weltweiten Erfolg und der andauernden Beliebtheit Anouilhs. Konzentriert man sich einmal nur auf die Schauplätze im Werk Anouilhs, ohne ihre jeweilige dramaturgische und geistige Rolle zu beachten, vergegenwärtigt man sich also die übertrieben-schäbigen Behausungen auf der einen und die Reichtum und sorgloses Leben verratenden überladenen Interieurs, die altmodischen Parks, vergoldeten Theatergarderoben usw. auf der anderen Seite, so kann einem der Gedanke kommen, eine Art traumatischer, unbewußter Erlebnismechanismus, repräsentativ für gewisse tiefverwurzelte Wunschvorstellungen bzw. Enttäuschungen der modernen Gesellschaft, habe die dichterischen Entwürfe des Autors mitbestimmt. Jedenfalls, das naive Bewußtsein des heutigen Menschen, der die Armut als Unglück und Schande erlebt und der fasziniert ist von der Utopie des Glücks, verliehen durch Geld, reagiert - noch gegen den eigentlichen Aussagegehalt der Stücke - positiv auf die verheißungsvolle optische szenische Formel und das gesell- schaftliche Kostüm, in welche Anouilh sein Erlebnis von der Welt gerne „übersetzt" hat. Die elegante, mondäne Dialogtechnik des Franzosen, der in seinen nicht seltenen schwächeren Augenblicken den beflissenen oder gar derb-jovialen Kontakt mit dem Publikum nicht scheut, gehört gleichfalls in diesen Zusammenhang. Auch in der Tatsache, daß die Chiffre des guten oder des bösen Prinzen und des reinen, armen Mädchens aus dem Volk im Werk Anouilhs häufig wiederkehrt, spiegelt sich etwas von dem durch fabulierende Artistik kaschierten Desinteresse Anouilhs am eigentlich Sozialen.

Das Gesellschaftliche als geschichtliche Kategorie spielt bei Anouilh keine entscheidende Rolle. Es ist Vorwand, dramatisches Mittel, um grundsätzliche menschliche und metaphysische Konflikte darzustellen. In diesem Punkt ist Anouilh Jean Giraudoux verwandt, dem er, neben der Enthüllungsdramaturgie Pirandellos, wichtige Anregungen verdankt. Das „Glück", eins der Hauptmotive in den Dramen Anouilhs, erscheint ähnlich wie im Werk Giraudoux' durch dumpfe, böswillige Mächte in die Defensive gedrängt, und es vermag nur durch surreale, märchenhafte Konstruktionen für Augenblicke zu scheinhafter Gegenwart beschworen zu werden. Nach einer Bot- schaft freilich von der Art des melodramatisch-optimistischen Be- kenntnisses zu „Freude und Liebe", das der Gärtner im Zwischenakt von Giraudoux' „Elektra" in gleichsam fröhlicher Verzweiflung dem unaufhaltsam abrollenden Geschehen der Tragödie entgegenhält, wird man in den Stücken Anouilhs vergeblich suchen.

Dort wo Anouilh den operettenhaften Kompromiß mit dem Publikum vermeidet, klafft ihm die Welt hoffnungslos in zwei Teile auseinander. Von Anfang an ist die pessimistische Grundbefindlichkeit der Dramatik Anouilhs klar zu erkennen. Sie hat sich nirgends in seinem formal außerordentlich variantenreichen Werk wesentlich gewandelt. Das Schauspiel „Antigone" (1942), die bekannteste der Anouilhschen Neuformungen des antiken Mythos, ein Stück, das den Ruhm des Verfassers begründet hat, ist seinerzeit fälschlich als Ausdruck einer Gesinnung politischer Résistance gedeutet worden. Das Drama lebt jedoch, im Gegensatz zu jeglicher Literatur des Engagements, aus dem zeitlosen Konflikt zwischen der erbärmlichen, zu Lügen, Ausflüchten und kleinlichen Machenschaften verdammten Welt schlechthin und einem einzelnen Menschen, der „nein" sagt und freiwillig in den Tod geht, weil das Leben, so wie es beschaffen ist, ihn anekelt. „Ihr widert mich alle an mit eurem Glück", entgegnet Antigone auf Kreons Überredungsversuche. Kreon, der Repräsentant des Lebens, tritt im Drama keineswegs als grausamer Diktator auf. Er ist ein desillusionierter, ein wenig müder Mann, der auf seine Art, mit Hilfe seines politischen „Handwerks" versucht, „die Ordnung dieser Welt etwas weniger sinnlos zu gestalten". Die kleine, magere, schlecht gekämmte Antigone ihrerseits, die ihren Bruder Polyneikes mit einer Kinderschaufel zu begraben versucht hat, widerspricht der Stimme des vernünftigen, gesetzten Lebensopportunismus Kreons nicht um irgendeines göttlichen oder auch nur menschlichen Gesetzes willen, wie es die Antigone des Sophokles tut. Anouilhs Antigone protestiert vielmehr im Namen eines Traums vom Dasein gegen die Wirklichkeit dieses Daseins. In gewisser Weise wird Antigones Untergang einfach dadurch heraufbeschworen, dass sie sich weigert, groß zu werden, dass sie „toute petite" bleiben will. Ein zum Neurotischen gesteigerter, zutiefst jugendlicher, „poetischer" Widerwille gegen das Leben und die Welt der Erwachsenen mit ihren fragwürdigen Institutionen und Bräuchen beherrscht die frühen Dramen Anouilhs und nicht nur diese; bis in die szenischen Anmerkungen hinein, die zumal in den Stücken „Romeo und Jeannette" und „Medea" immer wieder Schreie, plötzliche Ausbrüche usw. vorschreiben, spürt man die von Emotion durchtränkte, exaltiert-weltlose Atmosphäre dieser „schwarzen" Dramen.

Mit Vorliebe exemplifiziert der Verfasser, auch das ein pathetischer Zug, charakteristisch für Anouilhs unwandelbare Jugendlichkeit, am Thema der Liebe. Es ist dies bei Anouilh ein hochgespanntes Gefühl, mehr ein Anspruch und eine Erwartung als ein Zustand. Gleichwohl mischt sich nichts Religiöses in das Verlangen hinein, nichts von der transzendierenden Begeisterung des platonischen Eros. Vielmehr hat der Begriff der Liebe bei Anouilh etwas merkwürdig Enges und Leeres, in weniger gelungenen Stücken sogar etwas Spießbürgerliches; obwohl er oft ausgestattet mit der puritanischen Aura einer rührendkindlichen, pfadfinderhaften Keuschheit begegnet, bleibt er doch gänzlich auf das Verhältnis der Geschlechter beschränkt; so gewichtlos und gewissermaßen lyrisch-abgezogen ist diese Anouilhsche Liebe von Anfang an, dass man sich nicht wundert, die flüchtige Ekstase der Begegnung, in der sich das menschliche „Glück" in diesen Dramen erschöpft, alsbald von der korrumpierten, befleckten Welt verschlungen zu sehen.

Die Feinde der wahrhaften, reinen Liebe sind zahlreich. Da ist die Last des Vergangenen und des Milieus, die sich nicht abschütteln läßt („La Sauvage", 1934/36, „Romeo und Jeannette", „Eurydice"). Da sind die moralische Schwäche des Menschen, der der Verführung zur Welt nicht widerstehen kann („Colombe", 1950), oder der tückische Anschlag der Neidischen („Die Probe", 1950, „Das Rendezvous in Senlis", „Jeanne oder die Lerche", 1953) oder die Erniedrigung der Gefühle durch die plumpe Begierde des Körpers (Nathalie in „Ardèle"). Da ist ferner als schlimmster, hartnäckigster Gegner die Zeit selber samt dem von ihr verursachten unheimlichen Wandel des Empfindens. Aus all dem resultiert die fatalistische Angst der Liebenden bei Anouilh, am großartigsten gedichtet in dem Drama „Romeo und Jeannette". Immer wieder geschieht das gleiche: Kaum dass die Akteure bei ihrer Liebe „angekommen" zu sein glauben, mischt sich die Welt oder, wie Lucien, die markanteste der vielen Hahnreigestalten Anouilhs, zynisch sagt, „der andere da oben" ein, da geht das Glück bereits in den Schmerz, die Lüge, den lebenslänglichen Ekel zu zweien über. Die Erwachsenen, diejenigen also, die „es" hinter sich haben und die feige genug waren, ihre Liebe zu überleben, stellen deshalb fast überall in den Dramen Anouilhs den schnöden Kompromiß mit der Wirklichkeit dar. In gewissen „Komödien" wächst sich Anouilhs hochromantische Klage über das Scheitern der Liebe als der wahren Menschlichkeit zur scharfen Kritik an der Gesellschaft aus. In einer von ihnen, dem bereits genannten Drama „Ardèle oder das Gänseblümchen" (1947), werden die heuchlerischen Mitglieder einer Generalsfamilie mit der symbolischerweise das ganze Stück hindurch unsichtbar und stumm bleibenden Ardèle konfrontiert. Die honette, christliche Gesellschaft, die allein man auf der Bühne ihren widerlichen Tanz um das Kalb der bürgerlichen Reputation aufführen sieht, treibt die arme Frau samt ihrem Geliebten buchstäblich in den Tod. Aber welch bittere Ironie und welches Sinnbild, dass Ardèle, dass die Liebe einen Buckel trägt! Die quasi muntere Tonart, die Anouilh zu Anfang des Stücks anschlägt, verwandelt sich von Szene zu Szene deutlicher in einen spukhaft-grausigen Lärm, vergleichbar der schrillen, mißtönenden Musik in Strindbergs „Gespenstersonate".

Dass Anouilh immer wieder in seinem Schaffen zu seiner Ausgangslage zurückkehrt, beweist sein Drama „Becket oder die Ehre Gottes" (1959). Das Historische liefert hier nur das Material zu einer satirisch-moralisierenden Darstellung der Verfassung dieser Welt im allgemeinen. Im Mittelpunkt des Geschehens steht die unglückliche Geschichte einer Freundschaft zweier Männer. Der König, ein ungebärdig-kindlicher, bei aller Grausamkeit nicht unsympathischer Vertreter weltlicher Macht und weltlichen Genießens, eine Figur, verwandt den Kreon, Ludwig XVIII. (in „Majestäten") u. a., liebt Becket. Dieser aber findet wie am Dasein so auch an der Freundschaft kein Genüge. Als der König seinen Freund aus politischen Erwägungen zum Primas von England gemacht hat, da stellt Becket sich plötzlich gegen seinen Herrn, weil er von nun an der „Ehre" Gottes dienen will, „die unfasslich und zart ist wie ein verfolgtes Königskind". Beckets

Entschluß bedeutet weniger ein Ja zu Gott als ein Nein zur Welt. Seine Gleichgültigkeit dem gewöhnlichen Tun der Menschen gegenüber verrät spirituellen Überdruss, und es dauert nicht lange, bis sein geheimes Verlangen nach dem Tod befriedigt wird.

Anouilh hat sich mehrfach bedeutenden historischen Stoffen zugewandt. In dem lieblichen, Shaw gegenüber fast intim anmutenden Schauspiel „Jeanne oder die Lerche" (1953) wird mit Hilfe einer räumlich-zeitlichen Simultanbühne, die den souveränsten Umgang mit dem Stoff (und der Geschichte) erlaubt, die Auseinandersetzung zwischen den verbohrten, finsteren Mächten dieser Welt und der kompromisslosen jungen Heiligen gestaltet: ein großes nationales Thema und das zentrale Thema Anouilhs. Das kleine, schwankartige Stück „Majestäten" (1958), das die Gestalten Napoleons I. und Ludwigs XVIII. zugunsten des letzteren gegeneinander ausspielt, das gleichzeitig durch die Doppelrolle aber, welche die Handlung trägt, anschaulich macht, dass Anouilh die gravitätische Historie als besseres Verwandlungsstück und Spektakel ohne große Würde beurteilt, dieses amüsant-tiefsinnige Kabinettstück theatralischer Entlarvungskunst greift ebenso wie der in der Gegenwart spielende, die konservative Figur seines Helden halb wohlwollend, halb kritisch behandelnde Vierakter „General Quichotte" (1959) in die zeitgenössische politische Diskussion Frankreichs ein und riskiert respektlose Ausfälle gegen sorgsam gehütete nationale Tabus. Am entschiedensten aber ist diese Art Kritik in dem Drama „Der arme Bitos oder Das Diner der Köpfe" (1956), das nach der Aufführung einen der heftigsten Skandale in der Geschichte des modernen französischen Theaters verursacht hat.[2]

---

2   Mennemeier, a. a. O., S. 250-255.

Untröstlich und fröhlich

Zum Tod des französischen Dramatikers Jean Anouilh

Am Samstagnachmittag traf den französischen Dramatiker Jean Anouilh nach jahrelangem Leiden der Herztod in Lausanne, der Stadt, in der er seit vielen Jahren wohnte - fern von Frankreich, weitab vom Theater. Das Satyrspiel zu seinem Leben schrieb er sich selbst. Als er siebzig Jahre alt war, 1980, brachte er in seinem Stück „Der Nabel" den erfolglos gewordenen Schriftsteller Leon auf die Bühne. Leon arbeitet an einem neuen Stück und wird dabei geplagt von der Gicht, dem Arzt und seiner entnervenden Familie. Seine Frau, seine Geliebte, sein Freund, sein Sohn, seine Töchter, sie alle wollen Geld von ihm und sonst gar nichts. „Ich will wissen, warum ich sterben muß!" brüllt er seinen Arzt an und verdreht ihm den Arm, „sofort will ich das wissen, auf der Stelle!" Er erfährt es nicht. Wer erfährt es schon?

Diesen Leon hatte Anouilh zusammengedreht aus zwei Molière-Figuren, dem „Eingebildeten Kranken" und dem „Geizigen", und aus sich selbst. Mit Leon hieb Anouilh um sich gegen seine Lieblingsfeinde, die er mit Molière gemeinsam hatte, gegen die Ärzte, die Snobs und die Literatencliquen. Aus allem, was ihn bedrückte, machte er einen Wirbel von Sarkasmen und Zynismen. „Der Nabel", in dem er Witze riß über sich selbst, war sein Epilog vorm Tod, doch hatte er sich, alt und resigniert geworden, mit diesem Boulevardstück unter seinem Wert verkauft. Die Dramaturgen, die ihn längst nicht mehr lasen, sofern sie ihn überhaupt je gelesen hatten, stimmten seiner possenhaften Selbsteinschätzung beruhigt zu und fuhren fort, ihn nicht zu lesen.

Anouilh wurde einer unverzeihlichen Sünde für schuldig befunden: er hatte sein Publikum zu oft zum Lachen gebracht. Kunst ist, wenn's weh tut - auch über diesen unerschütterlichen Grundsatz unserer theatralischen Erzieher in ihren düsteren Kunstanstalten hatte er sich lustig gemacht. Der Herr Antoine, eine andere seiner autobiographischen Figuren, warnt eine hübsche und unbegabte Schauspielerin, während er sie umarmt: „Wenn Sie jedes Theaterstück ernst nehmen, werden Sie nicht alt." Anouilh hatte viele seiner rund fünfzig Stücke, insbesondere seiner nach 1960, nach „Majestäten" geschriebenen Boulevardkomödien, nicht ernst genommen. Es sind hurtige Handwerkerarbeiten, mit heißer Nadel zusammengenäht, er schämte sich ihrer nicht, er war der Sohn eines Schneiders. Über dem bloßen Handwerker freilich hat man allmählich den Anouilh seiner besten Jahre, den großen Bühnendichter, den humansten aller Moralisten, vergessen.

Anouilh ließ sich seit seinem zwanzigsten Lebensjahr von nichts, auch nicht von Krieg, Okkupation und Mißerfolg, davon abbringen, alljährlich ein Stück zu schreiben. Zwanzig Jahre lang beherrschte er die Spielpläne, von 1940 bis 1960. Noch in der Spielzeit 1960/61 gab es im deutschsprachigen Theater mehr Anouilh-Aufführungen als je zuvor: Abend für Abend rund sieben. Anouilh war beliebt wie kein anderer lebender Autor, obwohl er keinen Zweifel daran ließ, daß seine Menschen von Geburt an dazu bestimmt sind, ein ziemlich trostloses Leben zu führen, es ist undurchschaubar und, wie man damals sagte, absurd. In seinen „schwarzen Stücken" leiden sie darunter; in seinen „rosa Stücken" lachen sie darüber. Weil sich Lachen und Leiden nicht immer trennen lassen, schrieb er eine dritte Sorte Stücke, die „zähneknirschenden". In ihnen sieht man es den Menschen nicht sofort an, was ihnen die Gesichtszüge verzerrt, der Schmerz oder der Scherz.

Anouilh hatte nichts gegen das Einverständnis, aber er suchte es nicht um jeden Preis. So führte sein bitterstes und womöglich bestes Stück, „Der arme Bitos", in Paris im Oktober 1956 zu einem bösen Theaterskandal. Der Filmregisseur Henri Clouzot erzählte darüber: „Als der Vorhang nach dem ersten Akt gefallen war, drehte ich mich um zum Parkett: Ich sah dreihundert Bitos hinter mir, kreideweiß vor Wut. Hätte man ihnen Maschinengewehre gegeben und ihnen Straffreiheit zugesichert, sie hätten im Hof des Theaters Anouilh sofort erschossen."

Warum diese Wut? Mit seinem „Armen Bitos" hatte Anouilh ein altes und ein neues Tabu gebrochen. Das alte: Er zeigte Robespierre, den politisch geheiligten Helden der Revolution, als pathologischen Blutrichter. Das neue: Er demonstrierte die moderne Unmenschlichkeit an Bitos, an einem Staatsanwalt, der für einen Freund, einen Kollaborateur, die Todesstrafe beantragt hat und es zehn Jahre nach dem Krieg fertigbringt, die Begnadigung abzulehnen, der Erschießung beizuwohnen und der kleinen Tochter des Erschossenen eine Puppe zu schenken. Doch auch an den Verfolgern dieses Verfolgers ließ Anouilh kein gutes Haar. Auch die Damen und Herren, die dem gnadenlosen Bitos eine gnadenlose Lektion erteilen, sind hämisch und selbstgerecht. Nichts hat Größe in diesem Stück, außer dem Zorn des Autors. Vergleichbar ist da nur Shakespeares bitterböser „Timon von Athen".

Bitos und Robespierre sind unmenschlich durch ihren Gerechtigkeitsfanatismus. Ihre Theorien sind menschenfreundlich, ihre Praxis ist mörderisch. Nirgendwo anders hat Anouilh die Buchstabengerechtigkeit so vernichtend analysiert. Im Jahrhundert der ideologischen Weltkriege ist „Der arme Bitos" ein Jahrhundertstück. Anouilh wollte nicht das Recht, er wollte die Gnade - das ist zum Fundament seiner Moral geworden. Sich als Moralisten zu bezeichnen oder auch nur zu fühlen wäre ihm zu pathetisch gewesen, zu anspruchsvoll, zu literarisch, zu läppisch.

Anouilhs menschenfreundliche Moral ist schon zu ahnen in seiner „Antigone" aus dem Jahre 1944, seinem meistgespielten und - in den Schulen - meistgelesenen Stück. Wer hat recht, Antigone, die ihren im Kampf gegen den Staat gefallenen Bruder beerdigen will, oder der Staatschef, ihr Onkel Kreon, der diese Beerdigung aus Gründen der Staatsräson verbietet? Das Stück ist in dem von den Deutschen besetzten Paris uraufgeführt und von beiden Parteien politisch mißdeutet worden. Es ist weder - durch Kreon - eine Rechtfertigung faschistischer Staatsgewalt, noch ist Antigone ein Ehrenmitglied der Résistance. Als Autor war Anouilh auf beiden Seiten; er sagte: „Wenn man eine Szene überzeugend schreiben will, muß man zwei Menschen mit entgegengesetzten moralischen Positionen sein." Als Moralist aber war Anouilh selbstverständlich auf der Seite Antigones, die Gnade will, und nicht auf der Seite Kreons, der sich auf das Gesetz berufen kann.

Schon damals, als Anouilh mit seiner „Antigone" ein Tragiker sein wollte, konnte er nicht verbergen, daß Antigones kindlicher Mädchentrotz, ihre pubertäre Todeslust wie Kreons dickköpfiges Sendungsbewußtsein doch wenigstens ein bißchen komisch sind. Diese unausrottbare Lebenskomik, die sich auch in der finsteren Todesnähe der Tragödie behauptet, wurde mehr und mehr zu Anouilhs Generalthema. Seine besten Stücke entstanden in der Nähe Molières. Bei einer Feier zu Molières Todestag in der Comédie Française sagte Anouilh: „Wir können uns gegenseitig unter mehr oder weniger edlen Vorwänden verletzen, massakrieren, uns zu Scheingrößen aufblasen, wir sind komisch - wie alle, auch alle, die wir Helden nennen."

Anouilh, geboren am 23. Juni 1910 in Bordeaux, kam sehr jung nach Paris, studierte Rechtswissenschaften, arbeitete in einem Verlagshaus und war eine Zeitlang Sekretär des berühmten Schauspielers und Regisseurs Louis Jouvet, der Anouilhs dramatisches Talent freilich nicht erkannte. Als er zwanzig war, schrieb er sein erstes Stück, „Der Hermelin", und nach der Uraufführung 1932 beschloß Anouilh, sich nun nur noch dem Theater und nebenbei dem Film zu widmen. Er wurde Dramatiker, wie sein Vater Schneider geworden war: wie ein Handwerker.

Er genierte sich nicht, „Einladung ins Schloß" zu schreiben, eine hanebüchene Verwechslungsposse mit Zwillingen, die von einem Schauspieler in einer atemlosen Doppelrolle gespielt werden, und er genierte sich ebensowenig, in „Jeanne oder Die Lerche" seine Version von der Jungfrau von Orléans zu geben: eine rührende Legende. Er schenkte ihr sogar ein Happy-End, indem er durch einen Theatercoup gegen die Chronologie Johannas Triumph bei der Krönung in Reims einfach nach ihrer Verbrennung in Rouen auf die Bühne brachte. In seinem „Becket oder Die Ehre Gottes" stellte Anouilh über die politisch-religiösen Konflikte des Königs und des Erzbischofs ihre Freundschaft: Menschen waren ihm immer wichtiger als das, was ihnen durch ihre historischen Rollen zu denken aufgegeben ist.

Das Umdeuten und Umdichten klassischer Stoffe, dieses Hauptvergnügen deutscher Regisseure in den siebziger Jahren, hatte Anouilh schon in den vierziger Jahren höchst erfolgreich betrieben. In seiner „Eurydike" machte er aus Orpheus einen Kaffeehausgeiger. Seine „Antigone" versetzte er in eine politisch-familiäre Gegenwart. In „Romeo und Jeannette" stirbt Romeo nicht mit Julia, sondern mit deren Schwester Jeannette, und sie gehen nicht am Streit ihrer Familien, sondern an ihren exaltierten Liebesansprüchen zugrunde. Anouilh schrieb eine „Medea" und arbeitete an einer „Orestie". Mit dem „Herrn Ornifle", seinem Don Juan, orientierte er sich an Molière: Als dessen Don Juan in die Hölle fuhr, war es schon der pure Theaterdonner; bei Anouilh ist es der herausgeforderte Herztod, und der erzürnte Himmel donnert dazu ein bißchen. Natürlich versteckte Anouilh in seinen „Herrn Ornifle" auch einiges von sich selbst. So hatte er viele Jahre lang allen Grund, den plötzlichen Herztod zu fürchten.

Als er fünfzig Jahre alt war, schickte Anouilh in seiner Komödie „Majestäten" einen jungen Mann, der immerfort für Napoleon, für etwas Absolutes sterben möchte, in die Ehe, und Napoleon sagt ihm zum Abschied: „Erzählen Sie Ihren Kindern nicht zuviel von Idealen, das ist kein Gepäck fürs Leben." Anouilh feierte nicht mehr die tragisch-trotzigen Untergänge. Seine Sympathien, die zwanzig Jahre lang zwischen Anarchie und Vernunft geschwankt hatten, waren endgültig zur Vernunft, zur Kunst des Möglichen übergegangen. Gegen die kollektiven Berauschungen setzte er einen skeptischen Realismus. Er zeigte immer wieder, daß auch die politischen Entscheidungen gefällt werden auf Grund psychischer Dispositionen und Defekte: Erst kommt die Seele, dann kommt die Moral. Seine Kombinationen von ernüchterndem Witz, ermutigender Humanität und blitzender Eleganz waren ohnegleichen.

Sein Weg führte ihn von der Tragödie, vom Untergang für das Absolute, zur Komödie, zum Untergang des Absoluten in der Posse.

In seiner besten Zeit, und das waren immerhin zwanzig Jahre, hatte er der Welt gezeigt, was Theater auch sein kann. Eine dumpf dröhnende Mythenhalle? Ein Hörsaal für verschwitzte Vorlesungen? Nicht bei Anouilh. Sein Theater war ein luftiger und heller Platz für das Spielen der Spiele, für die Illusionen der Desillusionen, die Maskeraden der Demaskierungen, für die Möglichkeiten, für Volten und Kunstsprünge der Menschen und Ideen, der Aktualitäten und der Ansprüche an die Ewigkeit. Wenn an diesem Spielplatz der Mensch über andere lacht, dann lacht er über sich selbst - „untröstlich und fröhlich", wie Anouilh das Lachen Molières beschrieben hatte. Noch in seinem Satyrspiel „Der Nabel" hallt es nach, wenn Leon, der Doppelgänger Anouilhs, sich gegen seinen Arzt wehrt: „Der Mensch ist ein untröstliches und fröhliches Tier."

So gewiß Anouilh eine Zeitlang überschätzt wurde, so gewiß wird er jetzt unterschätzt. Die Sittenposse war seine Domäne, keiner hat sie in unserem Jahrhundert besser beherrscht als er. Dafür wurde er lange geliebt und dann langsam vergessen. Je unbeschwerter das Leben in Europa wurde, desto finsterer im Theater der Mime - fest entschlossen, den Leuten im Parkett das leichte Leben zu vermiesen: jeder Dramaturg ein von sich selbst berauschter Savonarola, jeder Regisseur ein fleißiger und erfolgreicher Bettelmönch.

Je vernünftiger, einsichtiger, liebevoller Anouilh wurde, desto unbequemer. Seine souveräne Liebe zum fehlbaren und fehlgehenden Menschen konnte man nicht mehr gebrauchen, als aus Gegnern wieder Feinde und aus Parteigängern wieder Fanatiker wurden, als das Geraufe um die Karrieren über die Notwendigkeiten der Praxis triumphierte, als die Gemeinheit zur gewohnten politischen Waffe wurde, als wir in das mörderische Biedermeier rutschten, in dem wir leben.

Man wird Anouilh wieder brauchen, sobald das gegenwärtige Wegwerftheater gezwungen wird, sich ans moralische Recycling zu erinnern.[3]

---

3   Hensel, a. a. O.

1.3 Anouilh und die französische Theatertheorie seiner Zeit

Jean-Paul Sartre hat sich 1946 anlässlich eines Vortrags in den Vereinigten Staaten intensiv mit dem zeitgenössischen Theater auseinander gesetzt und dabei grundlegende theoretische Überlegungen angestellt, die sich z.T. direkt auf Anouilh und seine „Antigone" übertragen lassen:

Wenn ich in den Zeitungen die Rezensionen der *Antigone* von Anouilh lese, habe ich den Eindruck, daß das Stück bei den New Yorker Theaterkritikern eine gewisse Verlegenheit hervorgerufen hat. Viele sind erstaunt, daß ein so alter Mythos auf das Theater gebracht worden ist. Andre kritisieren an der Figur der Antigone, daß sie weder lebendig noch wahrscheinlich und kein „Charakter" sei, wie es im Theaterjargon heißt. Das Mißverständnis kommt, glaube ich, daher, daß die Kritiker nicht darüber informiert sind, was viele junge Autoren in Frankreich – jeder in andrer Art und ohne gemeinsames Ziel – zu machen versuchen.

Man hat in Frankreich viel von einer „Rückkehr zur Tragödie" gesprochen, von einer „Renaissance des philosophischen Theaters". Die Etikettierungen geben zur Verwirrung Anlaß und sollten alle beide aufgegeben werden. Für uns ist die Tragödie ein historisches Phänomen, das zwischen dem 16. und 18. Jahrhundert herrschte, und wir haben keinerlei Lust, es auferstehen zu lassen. Ebenso wenig liegt uns daran, philosophische Stücke zu schreiben, wenn man darunter Werke versteht, die eigens dazu konzipiert sind, auf der Bühne die Philosophie von Marx, Thomas von Aquin oder des Existentialismus zu illustrieren. Eines ist allerdings wahr an diesen beiden Etikettierungen: erstens stimmt, daß uns weniger an Innovation als an Rückkehr zu einer Tradition liegt; zweitens stimmt, daß die Probleme, die wir im Theater behandeln wollen, sich sehr von denen unterscheiden, mit denen wir uns vor 1940 befaßt haben.

Das Theater, wie man es in der Zeit zwischen den beiden Weltkriegen verstand und wie man es vielleicht heute noch in den Vereinigten Staaten versteht, ist ein Theater von Charakteren. Die Analyse der Charaktere und deren Konfrontation waren der Hauptgegenstand des Theaters. Was man eine „Situation" nannte, hatte einzig und allein zum Ziel, die Charaktere besser hervortreten zu lassen. Die besten Stücke dieser Epoche waren psychologische Studien über einen Feigling, einen Lügner, einen Streber oder einen Enttäuschten. Gelegentlich bemühte sich ein Dramatiker, die Mechanismen einer Leidenschaft – gewöhnlich die Liebe – aufzudecken oder einen Minderwertigkeitskomplex zu analysieren.

Nach solchen Kriterien ist Anouilhs Antigone überhaupt kein Charakter. Ebenso wenig ist sie der bloße Träger einer Leidenschaft, die sich nach den festen Regeln irgendeiner Psychologie entwickeln müßte. Sie verkörpert einen nackten Willen, eine reine und freie Wahl; man kann bei ihr die Leidenschaft nicht vom Handeln trennen. Die jungen französischen Dramatiker glauben nicht, daß die Menschen eine „Menschennatur" gemeinsam haben, die ein für alle Mal gegeben ist und sich unter dem Einfluß einer gegebenen Situation verändern kann. Sie glauben nicht, daß die Individuen Opfer einer Leidenschaft oder einer Manie sein können, die sich nur aus der Vererbung, dem Milieu und der Situation erklären ließe. Was in ihren Augen allgemein ist, ist nicht eine Natur, sondern die Situationen, in denen sich der Mensch befindet, das heißt nicht die Summe seiner psychischen Züge, sondern die Grenzen, an denen er sich an allen Seiten stößt.

Für sie muß der Mensch nicht als ein „vernünftiges" oder „soziales" Tier definiert werden, sondern als ein freies, völlig unbestimmtes Sein, das sein eigenes Sein angesichts bestimmter Notwendigkeiten wählen muß, wie zum Beispiel die Tatsache, daß es schon in eine Welt engangiert ist, die zugleich bedrohliche und günstige Faktoren enthält, unter andern Menschen, die ihre Wahl vor ihm getroffen und im Voraus über den Sinn dieser Faktoren entschieden haben. Er ist mit der Notwendigkeit konfrontiert, arbeiten und sterben zu müssen, in eine Welt geworfen zu sein, die bereits da ist und die dennoch sein eigenes Unternehmen ist und in der er sich nie wieder zurücknehmen kann: eine Welt, in der er seine Karten ausspielen und seine Risiken auf sich nehmen muß, was es ihn auch kosten mag. Deshalb haben wir das Bedürfnis, bestimmte Situationen auf die Bühne zu bringen, die die Hauptaspekte des Menschseins aufklären, und den Zuschauer an der freien Wahl, die der Mensch in diesen Situationen trifft, teilnehmen zu lassen.

So hat Antigone von Anouilh abstrakt erscheinen können, weil sie weniger als eine junge griechische Prinzessin, geprägt von bestimmten Einflüssen und einigen schrecklichen Erinnerungen, dargestellt wurde, als vielmehr als eine freie Frau ohne Charakterzüge, bis sie sie selbst wählt in dem Augenblick, wo sie entgegen dem Willen des triumphierenden Tyrannen ihre Freiheit im Tod behauptet. Wenn der Bürgermeister von Vaucelles in *Les bouches inutiles* von Simone de Beauvoir entscheiden muß, ob er seine belagerte Stadt retten soll, indem er die Hälfte ihrer Einwohner (Frauen, Kinder, Greise) opfert, oder ob er sie der Gefahr aussetzen soll umzukommen, indem er versucht, alle zu retten, dann liegt uns nichts daran, zu erfahren, ob er gefühlvoll oder kalt ist, ob er einen Ödipuskomplex, ob er einen reizbaren oder heiteren Charakter hat. Sicher wird er eine schlechte Entscheidung treffen, wenn er tollkühn und unvorsichtig, eingebildet oder zaghaft ist. Aber wir sehen kein Interesse darin, im Voraus die Motivation oder die Gründe zusammenzuführen, die unvermeidlich seine Wahl erzwingen werden. Vielmehr liegt uns daran, die Angst eines Menschen darzustellen, der zugleich frei und guten Willens ist, der in aller Aufrichtigkeit herauszufinden sucht, was er tun muß, und der weiß, daß er mit der Entscheidung über das Schicksal andrer zugleich seine eigene Verhaltensregel wählt und ein für alle Mal entscheidet, ob er ein Tyrann oder ein Demokrat sein wird.

Wenn es bei einem von uns vorkommt, daß er einen Charakter auf der Bühne darstellt, so geschieht das einzig mit dem Ziel, sich so bald wie möglich von ihm zu befreien. Zum Beispiel hat Caligula zu Beginn des gleichnamigen Stücks von Camus einen Charakter. Man ist geneigt zu glauben, daß er sanft und gut erzogen ist, und zweifellos ist er das alles wirklich. Aber diese Sanftmut und diese Bescheidenheit schwinden plötzlich, als der Kaiser die fürchterliche Entdeckung macht, daß die Welt absurd ist. Von da an wird er wählen, der Mensch zu sein, der die andren Menschen von dieser Absurdität überzeugt, und das Stück erzählt lediglich, wie er seinen Plan ausführt.

Der freie Mensch in den Grenzen seiner eigenen Situation, der Mensch, der, ob er will oder nicht, für alle andren wählt, wenn er für sich wählt – das ist das Thema unsrer Stücke. Wir wollen das Charaktertheater durch ein Situationstheater ablösen; unser Ziel ist es, alle Situationen zu erforschen, die der menschlichen Erfahrung am vertrautesten sind, jene, die sich mindestens einmal im Leben der meisten ergeben. Die Figuren unsrer Stücke unterscheiden sich voneinander nicht wie ein Feigling von einem Geizigen oder ein Geiziger von einem Mutigen, sondern vielmehr so, wie die Handlungen voneinander abweichen oder aufeinanderstoßen, wie das Recht mit dem Recht in Konflikt geraten kann. Insofern kann man tatsächlich sagen, daß wir an die Corneillesche Tradition anknüpfen.

Daher wird man leicht verstehen, weshalb wir uns wenig um Psychologie kümmern. Wir suchen nicht das „richtige" Wort, das plötzlich die ganze Entwicklung einer Leidenschaft enthüllt, ebenso wenig wie „die Handlung", die den Zuschauern am wahrscheinlichsten und unvermeidlichsten erscheint. Wir halten die Psychologie für die abstrakteste Wissenschaft, weil sie die Mechanismen unsrer Leidenschaften erforscht, ohne sie in ihren wahren menschlichen Kontext zu versetzen, ohne ihren Hintergrund von religiösen und moralischen Werten, die Tabus und Imperative der Gesellschaft, die Konflikte zwischen Völkern und Klassen, die Konflikte zwischen Rechten, Absichten und Handlungen zu berücksichtigen. Für uns ist der Mensch ein totales Unternehmen in sich selbst. Und die Leidenschaft ist Teil dieses Unternehmens.

Darin kehren wir zu der Auffassung zurück, die die Griechen von der Tragödie hatten. Für sie war, wie Hegel gezeigt hat, die Leidenschaft nie ein bloßer Gefühlsausbruch, sondern grundlegend immer die Behauptung eines Rechts. Für Sophokles und Anouilh sind der Faschismus des Kreon, der Eigensinn der Antigone, für Camus der Wahnsinn des Caligula *alles zugleich* Gefühlsaufwallungen, die ihren Ursprung tief in uns haben, und Äußerungen eines unerschütterlichen Willens, die die Behauptung von Werte- und Rechtesystemen sind, wie die Bürgerrechte, die Familienrechte, die individuelle Moral, die kollektive Moral, das Recht zu töten, das Recht, Menschen ihre jämmerliche Lage zu enthüllen, und so weiter. Wir verwerfen die Psychologie nicht, das wäre absurd: wir beziehen sie ins Leben ein.

Aus diesem Grunde hat sich unser neues Theater bewußt vom sogenannten „realistischen Theater" entfernt, denn der „Realismus" hat immer Stücke mit Geschichten einer Niederlage, einer Duldung und eines Verzichts hervorgebracht, er hat immer lieber zeigen wollen, wie äußere Mächte einen Menschen vernichten, ihn in Stücke reißen und schließlich aus ihm eine Wetterfahne im Wind machen. Wir aber berufen uns auf den *wirklichen* Realismus, denn wir wissen, daß es unmöglich ist, im alltäglichen Leben die Tatsache vom Recht, das Reale vom Idealen, die Psychologie von der Moral zu trennen.

Dieses Theater ist nicht Träger irgendeiner „These", es ist von keiner vorgefaßten Idee inspiriert. Es versucht, das Dasein in seiner Totalität zu erforschen und dem zeitgenössischen Menschen ein Bild von sich selbst, von seinen Problemen, seinen Hoffnungen und seinen Kämpfen zu bieten. Wir meinen, daß unser Theater seine Mission verraten würde, wenn es individuelle Persönlichkeiten schilderte, selbst wenn es sich um so allgemeine Typen handelte wie einen Geizigen, einen Menschenfeind oder einen betrogenen Ehemann, denn wenn das Theater sich an die Massen wenden soll, muß es ihnen von ihren allgemeinen Sorgen sprechen, ihre Ängste ausdrücken in Form von Mythen, die jeder verstehen und zutiefst nachempfinden kann.

Das heißt nicht, daß unsere Autoren Symbole gebrauchen wollen, wenn man unter Symbolen den indirekten oder poetischen Ausdruck einer Realität versteht, die man nicht direkt erfassen kann oder will. Es widerstrebt uns heute zutiefst, das Glück durch einen ungreifbaren blauen Vogel darzustellen, wie es Maeterlinck tat. Unsere Stücke sind zu streng für solche Kindereien. Aber wenn wir auch das Symboltheater verwerfen, so wollen wir doch, daß unser Theater ein Mythentheater sei; wir wollen versuchen, dem Publikum die großen Mythen von Tod, Exil und Liebe zu zeigen. Die Figuren im *Mißverständnis* von Albert Camus sind keine Symbole, sie sind aus Fleisch und Blut: *eine* Mutter und *eine* Tochter, *ein* Sohn, der von einer langen Reise zurückkehrt; ihre tragischen Erfahrungen genügen sich selbst. Und dennoch sind diese Figuren mythisch, insofern das Mißverständnis, das sie trennt, zur Verkörperung aller Mißverständnisse dienen kann, die den Menschen von sich selbst, der Welt und den andren Menschen trennen.

Dennoch sind diese Stücke streng. Da wir uns vor allem für die Situation interessieren, wird sie in unsrem Theater genau an dem Punkt vorgeführt, wo sie ihren Höhepunkt erreicht. Wir nehmen uns nicht die Zeit für wissenschaftliche Nachforschungen, wir haben nicht das Bedürfnis, die unmerkliche Entwicklung eines Charakters oder einer Handlung genau zu beschreiben: man wird nicht allmählich vom Tod ereilt, man sieht sich ihm plötzlich gegenüber – und wenn man sich der Politik oder der Liebe nur allmählich nähert, dann tauchen plötzlich dringende Probleme auf, die kein Fortschreiten ermöglichen. Indem wir von der ersten Szene an unsere Protagonisten in den Höhepunkt ihrer Konflikte werfen, greifen wir auf das wohlbekannte Verfahren der klassischen Tragödie zurück, die sich in dem Augenblick der Handlung bemächtigt, wo sie auf die Katastrophe zutreibt.

Unsere Stücke sind gewaltsam und knapp, um ein einziges Ereignis zentriert; sie haben wenige Darsteller, und die Geschichte ist auf eine kurze Zeitspanne komprimiert, mitunter auf nur wenige Stunden. Daraus resultiert, daß sie einer Art „Regel der drei Einheiten" folgen, die nur etwas verjüngt und modifiziert worden ist. Ein einziges Bühnen-bild, einige Auftritte, einige Abgänge, lebhafte Dispute zwischen den Figuren, die leidenschaftlich ihre individuellen Rechte verteidigen – das bringt unsre Stücke in so großen Abstand zu den brillanten Nichtigkeiten des Broadway. Dennoch haben einige davon mit ihrer Strenge und Intensität in Paris ihre Wirkung nicht verfehlt. Wir sind gespannt, wie New York sie aufnehmen wird.

Kurze und gewaltsame Dramen, mitunter auf die Länge eines einzigen Akts reduziert (*Antigone* dauert anderthalb Stunden, mein eigenes Stück *Geschlossene Gesellschaft* eine Stunde und zwanzig Minuten, ohne Pause), ganz um ein Ereignis zentrierte Dramen – meistens ein Rechtskonflikt in Bezug auf eine ganz allgemeine Situa-tion –, in einem klaren, äußerst straffen Stil geschrieben, mit einer kleinen Zahl von Figuren, die nicht wegen ihrer individuellen Charak-tere dargestellt, sondern in eine Situation gestürzt werden, die sie zwingt, eine Wahl zu treffen – das ist das strenge, moralische, mythische und rituelle Theater, das in Paris während der Besetzung und besonders seit Kriegsende neue Stücke hervorgebracht hat. Sie entsprechen den Bedürfnissen eines erschöpften, aber anspruchs-vollen Volks, für das die Befreiung nicht eine Rückkehr zum Wohl-stand bedeutet hat und das nur mit äußerster Sparsamkeit leben kann.[4]

Anouilhs „Antigone" enthält fundamentale Aussagen einer zeit-genössischen Theatertheorie, die es ermöglichen, die Neufassung dieses antiken Stoffes durch den französischen Dramatiker voll und ganz zu erkennen. Anouilh lässt den Chor einige Überlegungen über den Unterschied von Tragödie und Drama anstellen. Vom alltäglichen Leben aus gesehen beginnt die Handlung einer Tragödie fast wie durch einen Druck auf den Knopf. Zwischen Leben und Tragödie tut sich vor unseren Augen eine Kluft auf. Der Anlass, der die tragische Handlung auslöst, ist vom Leben aus nicht zu rechtfertigen und nicht zu begreifen. Diese Kluft vergrößert sich durch die Verminderung der

---

4   Sartre, a.a.O., S. 35 - 44.

persönlichen Freiheit des Einzelnen, der in der Entscheidung steht. Was nun folgt, stellt sich als ein vorgezeichneter, selbständiger und daher mechanisch wirkender Ablauf dar, an dem nichts mehr zu ändern ist: der Ausgang der Tragödie ist schon von Anfang an vorgezeichnet. Selbst der Tod ist nicht mehr schrecklich, weil er mit eingeplant ist und daher nicht mehr unversehens kommen kann.

Wie das Leben unterscheidet sich dagegen das Drama von der Tragödie durch den offenen Horizont des Zufalls und der Hoffnung. Wie im Leben führt auch im Drama die Freiheit des Handelns zur Möglichkeit der Wahl zwischen gut und böse, schuldig und unschuldig. Damit stehen wir vor der Frage nach dem Sinn und der Verbindlichkeit der Tragödie.

Auf welche Erwartung des Publikums nimmt die moderne Tragödie Bezug? Anouilh hat ihr einen Prolog vorangestellt, der die hochgestellten Personen der antiken Tragödie auf eine befremdend moderne Weise erst einmal in dem alltäglichen Rahmen einer Familienszene einführt. Indem Anouilh die hochgestellten, ehrwürdigen Figuren der alten Tragödie in beliebiger, typisch alltäglicher Gestalt und Funktion einführt, wird die Lebenswahrheit des naturalistischen Dramas zu dem Idealbild mythischer Größe und Tragik in einen ironischen Gegensatz gestellt, der dem Zuschauer die Frage nach dem Sinn der Tragödie und ihrem Nutzen für das Leben beunruhigend neu zu Bewusstsein bringt. Während in der klassischen Tragödie die Könige als Standespersonen die höhere, weil von den Schranken einer gewöhnlichen Kondition freien Möglichkeit des Handelns exemplarisch verkörpern konnten, erscheinen sie hier gerade durch ihre leere, im modernen Staat nicht mehr zu erfüllende Funktion als besonders geeignet, den modernen Sinn der Tragödie zu veranschaulichen. Dazu kommt, dass ihre Sprache Anouilh in genauer Umkehrung ihrer klassischen Funktion dazu dienen muss, die Kluft zwischen dem hohen Pathos der tragischen Situation und der durchschnittlichen Erfahrung des Lebens in einer konsequenten Stilmischung bewusst zu machen. Das antiklassische Prinzip der Stilmischung dient Anouilh dazu, den Widerspruch zwischen Tragödie und Drama, Schauspiel und Leben selbst auf die Szene zu bringen, den das bürgerliche Schauspiel in der möglichst vollkommenen Illusion lebenswahrer Darstellung gerade auszuheben versuchte. Das in der alltäglichen Sprache seiner Personen gespielte, uns allen vertraute Leben erscheint hier gerade als diejenige Welt, aus der die Geschichte, das tragische Geschick Antigones, nicht unmittelbar und an sich selbst evident hervorgehen kann. Die Reinheit des Tragischen entspringt bei Anouilh aus einem Widerspruch zum Leben, der sich im Geschick Antigones vollzieht und in ihrem Tod gipfelt: so ist auch ihre Wahrheit am Ende nicht mehr gleichbedeutend mit einer Erhöhung des Lebens, an der sich der Zuschauer erbauen könnte. Gerade das unpathetisch-alltägliche Sprechen der modernen Antigone gibt unserer Welt, die sie durch das Übernehmen ihrer Rolle verneint, ein eigenes Pathos zurück und stellt damit das Recht des Lebens gegen die Wahrheit der Tragödie in ein neues Licht, in welchem sich ihr Widerspruch vollendet. Denn derselbe Widerspruch, dem die Betrachtung des Chores galt und der sodann in der Funktion der Stilmischung zutage trat, bestimmt auch die dramatische Spannung im Ablauf der Handlung.[5]

1.4 Anouilh und das politische Theater von Sartre und Camus

Der hier zugrunde liegende „Politik"-Begriff ist primär in einem weiteren Sinn zu fassen. Gemeint ist der historisch-politische Kontext der Entstehung und Erstaufführung der „Antigone", nämlich die durch Besatzung, Widerstand und Kollaboration gekennzeichnete Situation in Frankreich (vgl. Kap. 1.5) zur Zeit des Zweiten Weltkrieges. Als Ideentheater oder Thesenstück meint „politisch" weiterhin die große Linie der politischen Ideen oder Aussagen des Stücks wie auch die

5   Jauss, a.a.O., S. 430 ff.

politische Haltung oder Einstellung seines Autors, gegebenenfalls nachweisbar anhand seiner anderen literarischen Texte, theoretischen Schriften, Interviews, Aufzeichnungen und dergleichen. Im engeren Sinn zielt der Begriff „Politik" auf die Träger politischer Handlungen und Haltungen einzelner Figuren des Dramas, auf die politischen Inhalte, Ziele und Methoden von textimmanenten Individuen und Gruppen. Damit verbunden ist die sehr wichtige Frage nach Gewalt und Terror in der Politik, nach Macht und Herrschaft, nach Freiheit und Unterdrückung, letztlich nach dem Verhältnis von Macht und Recht. Schon der Philosoph Pascal stellte im 17. Jahrhundert die an vielen historischen Beispielen nachweisbare und heute noch gültige These auf, die gleichsam als politische und pädagogische Richtschnur gelten könnte: „Man muß das Recht und die Macht verbinden und dafür sorgen, daß das, was recht ist, mächtig, und das, was mächtig ist, gerecht sei."

Kreons politische Einstellung kommt am deutlichsten in seiner Auseinandersetzung mit Antigone zum Ausdruck, d.h. auf dem Höhepunkt dieses Dramas. Er ist davon überzeugt, daß seine Rolle darin besteht, die Weltordnung etwas vernünftiger zu gestalten, soweit dies in seiner als absurd erkannten – oder doch zumindest unterstellten – Welt möglich ist. Mit Antigones Einstellung, mit ihrem an Ödipus erinnernden Hochmut kann man keinen Staat regieren. Theben braucht einen König, der mit beiden Füßen auf der Erde steht. Die Führung des Staates ist kein Abenteuer, sondern ein Beruf wie jeder andere auch. Darin erschöpft sich im wesentlichen sein politischer Pragmatismus. Antigones Beharrlichkeit macht ihn unsicher. Sie führt ihm vor Augen, daß letztlich er der Unfreie, der Gefangene seiner einmal angenommenen Rolle ist, während Antigone zu allem, was sie ablehnt, auch konsequent Nein sagen kann. Ihre moralische Überlegenheit läßt seine politische Macht umso deutlicher als Ohnmacht erscheinen. Letztlich hat Kreon Angst vor der Notwendigkeit, Antigone töten zu lassen. Verzweifelt appelliert er an die Vernunft und entwirft – eine klassische Metapher aufgreifend – das Bild des Schiffes, auf dem

Chaos herrscht, wenn keiner das Ruder hält. Einer muß doch das Rad in die Hand nehmen. Er wird jedenfalls weiter an dem Glück der Menschen arbeiten, auch wenn sie es nicht wollen und ihn hassen. Aber Antigones Vorstellung von „Glück" ist eine völlig andere. Zu diesem von Kreon in bunten Farben geschilderten Leben, das für sie nur aus Lüge und Heuchelei besteht, will sie nicht Ja sagen. Voller Verachtung für diesen verlogenen Pragmatismus schreit sie Kreon ins Gesicht: „Ihr armseligen Glückskandidaten! Ihr seid häßlich!" Kreon will Antigones Protest, den sie in die Öffentlichkeit tragen will, verheimlichen und als rein private Äußerung verstanden wissen. Doch da ist inzwischen Ismene eingetreten, die von Antigones Vorbild angesteckt wird. Jetzt triumphiert Antigone erst richtig: Sie kann Kreon auf die Gefahr ihrer revoltierenden Wirkung hinweisen und ihn zwingen, die Wächter zu rufen, die sie abführen.

Kreons politische Theorie und Praxis hat unterschiedliche Interpretationen gefunden. Ist er ein realistisch-humaner Politiker oder ein Diktator? Wenn er die angeblich unwissende und uneinsichtige Masse zu ihrem Glück zwingen will, dann greift er ein allseits bekanntes, totalitäres Rechtfertigungsmuster für Erlangung, Erhalt und Ausbau der eigenen Macht (einschließlich der der eigenen Partei) auf. Kreon stellt die Ordnung vor die Wahrheit, den Geist des Gehorsams vor die kritische Prüfung. Kreon ist demnach der Regierende, der bewahrt, indem er ordnet; Antigone wäre so gesehen die Anarchistin, die auf der Suche ist nach der einzigen, weit abgelegenen Reinheit. Der Zweck heiligt – für Kreon – die Mittel. Kreon führt die Menschen nicht, wie er von sich selbst behauptet, sondern dirigiert und manipuliert sie. Er erkennt seine Arbeit als schmutziges Geschäft an, das aber getan werden muss. Und wenn Kreon – so Antigones Frage – in freier Entscheidung abgelehnt hätte, sie zu tun? Ist es eine unausweichliche Notwendigkeit, dass das Regieren unter seinen Händen zu einer schmutzigen Arbeit wird?

Für andere ist Kreon Repräsentant des Lebens, ein desillusionierter, müder Mann, der auf seine Art versucht, dazu beizutragen, dass sich die Absurdität dieser Weltordnung nicht noch vergrößert. Er ist nicht machthungrig, sondern orientiert sich an Klugheit und Notwendigkeit als Richtschnur seines weisen Verhaltens. Im Innern seines Wesens findet sich eine Vorahnung von der Nichtigkeit aller Dinge.

Wer in Kreon den egoistischen Menschenverächter oder gar den Typ des modernen Diktators sieht, wird automatisch damit Antigones Protest als eine Optmismus auslösende Tat zur Befreiung vom Zwang der Bevormundung begrüßen und sie eine politische Heldin nennen. Wer dagegen Kreon als einen realistisch-humanen Politiker sieht, muß automatisch den unsinnig erscheinenden Protest Antigones abwerten und ihn in die Nähe des Inhumanen rücken.

Antigones selbst gewählter Weg des Ungehorsams ermöglicht es, den Entschluß zu sterben nicht als Selbstmord in das Bewusstsein der Öffentlichkeit treten zu lassen, sondern als Mord, für den Kreon die politische und moralische Verantwortung trägt, obwohl ihm seine Entscheidung von Antigone aufgezwungen wird. Sie schiebt damit ihrem Widersacher die Verantwortung für eine ihm aufoktroyierte, verwerfliche Tat zu. Dadurch wird sie die taktische Siegerin, und Kreon der Verlierer.

Wie weit ist es zulässig, in Antigones todesmutiger, kompromissloser Entschlossenheit ein Symbol für die französische Widerstandsbewegung zu sehen, während sich in Kreon anscheinend die Politik der Zusammenarbeit mit dem Feind symbolisiert? Wenn diese umstrittene politische Interpretation vielleicht einmal – als historisch bedingte – in der Grundtendenz richtig und als solche von Anouilh intendiert war, dann spielt sie mit wachsender Distanz zu den historisch-politischen Ereignissen der frühen 40er Jahre eine immer geringere Rolle. Was bleibt, das sind die allgemeinen, zeitlich unabhängigen Werte, die Kreon und Antigone verkörpern: hier Ordnung und eine (klein-)bürgerliche Vorstellung von Glück, dort die Wahrheit, das Reine und das Absolute; hier Pragmatismus, dort Idealismus; hier scheinbare Entscheidungsfreiheit, dort das Todesangst negierende Streben nach einem kindlichen Reinheitsideal, das ein Erwachsenwerden nicht vorsieht.

In Sartres Drama „Die schmutzigen Hände" will Hugo Barine –
„Barine" heißt „Herr" –, ein bürgerlicher Intellektueller, gegen seine
Herkunftsklasse dadurch ankämpfen, daß er der Kommunistischen
Partei des imaginären Staates Illyrien beitritt. Nach drei Jahren kehrt
er aus dem Gefängnis zu seiner Genossin Olga zurück, die im Namen
der Partei entscheiden soll, ob er noch verwendungsfähig ist. Zu
diesem Zweck muß er – was szenisch durch die dem Film entliehene
Rückblendetechnik dargestellt wird – seine Geschichte erzählen. Ihm,
der die Privilegien seiner Herkunft erlitt, ging es von Anfang an darum,
in einem großen terroristischen Akt, einer Tat, die aufhorchenläßt, zur
Identität mit sich selbst zu finden. Die Chance hierzu bietet ihm der
Auftrag des Parteibosses Louis, Hoederer, einen des Sozialdemokra-
tismus verdächtigen Parteigenossen, der mit den seitherigen Macht-
habern über Koalitionslösungen verhandelt, im Namen der Parteilinie
zu liquidieren. Hugo wird Sekretär Hoederers und kann sich der
persönlichen Ausstrahlung dieses authentischsten positiven Helden,
der Sartre zeit seines Lebens gelungen ist, immer weniger entziehen.
Hoederer, der Vertreter einer Politik der Kompromisse und der kleinen
Schritte, will Hugo aus seiner starren Prinzipienreiterei befreien, will
ihm helfen, ein freier Mensch zu werden. Doch als Hugos Frau
Jessica, die als Tochter aus gutem Hause von dem Vollmenschen
Hoederer in ähnlicher Weise fasziniert ist wie ihr Mann, sich Hoederer
an den Hals wirft, erschießt ihn Hugo. Aus politischen Motiven? Aus
Eifersucht? Oder einfach nur, weil er gerade dazukam? Von der
Beantwortung dieser Frage hängt nach den drei Gefängnisjahren
Hugos Schicksal ab, denn die Partei ist von der doktrinären Linie
Louis' zum Kompromißkurs Hoederers übergegangen. Ist Hugo
bereit, seine Tat, deren Motive ihm unklar waren und sind, als „Crime
passionnel" darzustellen, so kann er wieder in der KP mitarbeiten, gibt
er sie aber als politischen Akt aus, der die Fehlerhaftigkeit der
damaligen KP-Politik ans Licht bringt, muß er aus ideologischen
Gründen geopfert werden. Hugo steht vor der Wahl zwischen seiner
Prinzipientreue und der Akzeptation einer ungewissen, durch immer
neue Entscheidungen jeweils erst zu gestaltenden Zukunft, vor der

Wahl zwischen dem Primat seiner eigenen Subjektivität und den kollektiven Zielen der Partei. Er wählt die Subjektivität, erklärt sich als „non récupérable" und wird erschossen.

Für Sartre erweist sich zur Zeit der Abfassung seines Stückes die Aufgabe der von ihm vertretenen engagierten Literatur als eine dreifache:

1. Weiterführung der Kritik an der Bourgeoisie;
2. Versuch der konstruktiven Mitarbeit an der progressiven Gestaltung der Geschichte im Sinne der Heraufführung einer die maximale Freiheit aller garantierenden klassenlosen Gesellschaft;
3. Übernahme einer ideologiekritischen Funktion gegenüber der Kommunistischen Partei Frankreichs.

Hugo dient Sartre als Paradigma seiner Bourgeoisiekritik. Er ist als Journalist, Intellektueller, von der Basis abgeschnitten. Die Loslösung von der individualistischen Ideologie seiner Herkunftsklasse zugunsten einer Unterordnung der eigenen Interessen unter die kollektiven Zielsetzungen der Partei wird ihm unmöglich. Es geht ihm stets weniger um die Erlangung eines objektiven Ziels als um Selbstbestätigung. – Der fundamentale Gegensatz zwischen Hoederer und Hugo wird in der Opposition von „gants rouges" (roten Handschuhen) und „mains sales" (schmutzigen Händen) deutlich. Hoederer entlarvt Hugos Reinheitsideal als Flucht vor der Verantwortung, vor der jederzeit der Kontingenz unterworfenen, dennoch zielgerichteten Praxis, die allein in der Lage ist, die Welt zu verändern. „Mains sales" dagegen beinhaltet die Bereitschaft zum taktisch notwendigen Kompromiss, zum Umweg, der dennoch eine faktische Abkürzung bedeutet, zur Lüge, die die eigene moralische Integrität den Zielen der Partei unterordnet. Erklärte Hugo seine Tat zum „Crime passionnel", wäre er „récupérable" (verwendungsfähig), gewänne er eine neue Zukunft. Indem er den zufällig abgegebenen Schuß zum politischen Attentat erhebt, desvouiert er die Partei, in deren Händen er sich befindet, und wählt faktisch den Selbstmord.

Während Sartres Anliegen in „Les Mains sales" ein dreifaches ist: die Weiterführung der Kritik an der Bourgeoisie; die Aufforderung an das Proletariat, sich revolutionär zu engagieren; die kritische Refexion der Methoden des revolutionären Kampfes, – geht es Camus in „Les Justes" („Die Gerechten") lediglich um die letzte Frage: die Frage nach dem Verhältnis von Zwecken und Mitteln bei direkter politischer Aktion. – Wie in „Les Mains sales" handelt es sich auch in „Les Justes" um eine Rückkehrergeschichte, die die Linie der Gruppe in Frage stellt. Stepan kehrt nach Haft und Exil im Jahre 1905 in seine Widerstandsgruppe heim, die ein Bombenattentat auf den Großfürsten Serge vorbereitet. Yanek Kaliayev liebt Gedichte wie Hugo Barine und entstammt wie dieser dem Bürgertum. Doch bei Camus sind diese für Sartre bestimmenden sozialen Implikationen bedeutungslos, weil es den Widerstandskämpfern nicht um die Verwirklichung sozialer, sondern moralischer Ziele geht. Yanek sieht sich außerstande, die Bombe auf die Kutsche des Großfürsten zu werfen, da dieser von seinen beiden Neffen begleitet wird. Beim zweiten Versuch gelingt das Attentat, Yanek wird verhaftet, zum Tode verurteilt und hingerichtet. Dora, die ihn liebt, erhält zum Abschluss die Erlaubnis, das nächste Attentat auszuführen, das sie das Leben kosten, sie gleichzeitig aber auch mit Yanek im Tode vereinigen wird. – Der dramatische Konflikt läßt sich beschreiben als Opposition zwischen den Konzepten von Revolte und Revolution, die Camus 1945 in seinem Essay mit dem Titel „Remarque sur le révolté" definiert hat. Den Konflikt zwischen diesen beiden Anschauungen exemplifiziert er an den Gestalten Stepan und Yanek, wobei der Rest der Gruppe sich mit Yanek identifiziert. Stepan ist wie Hoederer davon überzeugt, daß es absolute Reinheit innerweltlich nicht geben kann, daß ein gewisses Maß an Unrecht in Kauf genommen werden muß, um ein größeres Maß an Unrecht zu beseitigen. Der Rücksichtnahme Yaneks auf die Neffen des Großfürsten hält er das Los der anderen russischen Kinder entgegen. Stepans Aktivismus, der schmutzige Hände in Kauf nehmen will, wird die moralische Reinheit der Verschwörer entgegengesetzt: sie wollen keine Mörder sein, sondern ausführende Organe einer höheren Gerechtigkeit: „Même dans la destruction, il y a un ordre, il y a des limites" (Selbst in der Zerstörung gibt es eine Ordnung, gibt es Grenzen).

   Da das menschliche Leben für Camus den zentralen Wert darstellt, hat derjenige, der ein Leben auslöscht, mit dem eigenen Leben für seine Tat zu bezahlen, sonst wäre er ein gemeiner Mörder. Erst dadurch, daß Yanek seinen Prozeß und seine Hinrichtung in Kauf nimmt, also mehr durchleidet als sein Opfer, wird er zu einem Gerechten. Seine Revolte bleibt zwar historisch folgenlos, legt aber Zeugnis dafür ab, daß es eine alle Menschen verbindende Natur, daß es Grenzen gibt, die nicht verletzt werden dürfen.

   Für Sartre ist Camus' Revolte mit folgenlosem Terrorismus identisch, der die herrschenden Verhältnisse intakt lässt und sich dadurch zum Handlanger der Unterdrücker macht. Angesichts der Tatsache, daß alle existierenden Gesellschaftsordnungen auf Gewalt basieren, wird für Sartre Gewaltanwendung dann legitim, wenn sie darauf abzielt, eine unterdrückungsfreie klassenlose Gesellschaft zu ermöglichen.[6]

1.5   Frankreich und der Zweite Weltkrieg

   Außenpolitisch zu Anfang des 20. Jahrhunderts eine Großmacht, hatte Frankreich innenpolitisch mit den Folgen des wirtschaftlichen und sozialen Wandels zu kämpfen. Nach dem Beginn des Ersten Weltkrieges mahnte Präsident Poincaré zur Einheit, doch die *Union sacrée* zerbrach unter dem Eindruck der ergebnislosen Materialschlachten. 1917 kam es zu Meutereien bei der Armee, die von Marschall Pétain niedergeschlagen wurden. Im Herbst 1917 übernahm Clemenceau die Regierung. Mit diktatorischen Maßnahmen gelang es ihm, die Krise endgültig zu überwinden. Der Kriegseintritt

---

6   Schrank, a.a.O., S. 33 - 40; Krauss, a.a.O., S. 238 - 247.

der USA brachte schließlich im Sommer 1918 die Entscheidung zugunsten der Alliierten. Bei den Pariser Friedensverhandlungen forderte Frankreich größeren Schutz vor Deutschland. Doch die USA lehnten ein Garantieabkommen ab. Im britischen Kalkül spielte das Deutsche Reich nicht nur beim wirtschaftlichen Wiederaufbau eine wichtige Rolle, sondern ihm war auch die Aufgabe zugedacht, ein Übergreifen der russischen Revolution auf Europa zu verhindern. Die Politik des *bloc national*, von Deutschland Abrüstung und Reparationen zu erzwingen, endete 1923 mit der Besetzung des Ruhrgebietes in einer Sackgasse. Unter dem *Cartel des Gauches* wechselte Frankreich den Kurs. Die Verträge von Locarno leiteten im Oktober 1925 eine Phase der Entspannung ein. Poincaré gelang es, den Staatshaushalt zu sanieren und den Kursverfall des Franc zu beenden. Frankreich schien endlich die Folgen des Krieges überwunden zu haben, als 1929 der Börsenkrach an der Wall Street den wirtschaftlichen Aufschwung beendete.

Streiks und Unruhen stürzten die Dritte Republik zu Beginn der dreißiger Jahre in eine tiefe innenpolitische Krise. In der Außenpolitk weckte Hitlers Regierungsübernahme alte Ängste. Mit Polen wandte sich 1934 ein wichtiger Verbündeter in Osteuropa ab. Selbst Großbritannien erwies sich mit der Abwertung des Pfundes als wenig verlässlicher Partner. Nach dem Tod von Poincaré, Briand und Barthou verlor die französische Politik an Linie. Paris verhandelte mit dem faschistischen Italien, gleichzeitig aber auch mit der UdSSR. Nach dem Sieg der Volksfront stand 1936 zunächst die Innenpolitik im Vordergrund. Blums Reformprogramm geriet jedoch durch den Widerstand der Wirtschaft und die internationale Entwicklung, etwa den Spanischen Bürgerkrieg, ins Stocken. Nach dem „Anschluß" Österreichs versuchte Daladier, die Rüstung mit allen Mitteln voranzutreiben. Als er dafür nicht nur Reformen, sondern auch noch den Bündnispartner Tschechoslowakei opferte, spaltete er die Öffentlichkeit in zwei Lager, die sich nach der Konferenz von München unversöhnlich gegenüberstanden.

Trotz seines Rüstungsrückstands galt Frankreich 1939 aufgrund der zahlenmäßigen Stärke seiner Truppen nach wie vor als Europas führende Militärmacht. Niemand rechnete daher im Mai 1940 mit einem schnellen Ende der Kämpfe. Umso größer war das Erstaunen auf der einen, das Entsetzen auf der anderen Seite, als die französischen Linien schon nach wenigen Tagen durchstoßen wurden. Der deutsche Angriff durch die Ardennen deckte schonungslos die Versäumnisse des französischen Oberkommandos auf, das in taktischer und technischer Hinsicht noch in den Kategorien des Ersten Weltkriegs dachte. Nur mit knapper Not und dank der Tatsache, daß Hitler seine Panzer an der Kanalküste vorübergehend anhielt, konnte in Dünkirchen eine Katastrophe vermieden werden.

Nach der Evakuierung des britischen Expeditionskorps, die viele Franzosen als Verrat empfanden, gab es kein Halten mehr. Demoralisiert flüchtete die Zivilbevölkerung zu Tausenden vor den deutschen Truppen nach Süden und riß bei ihrem Exodus auch die Regierung mit sich, die am 10. Juni Paris verließ. Am 18. Mai hatte Reynaud den Sieger von Verdun, Philippe Pétain, zu seinem Stellvertreter ernannt. Es war eine symbolische Geste, um in der Stunde der höchsten Not die Franzosen zur Einheit zu mahnen, doch im Kabinett war ihm Pétain keine Stütze. Am 5. Juni bildete Reynaud daher seine Regierung noch einmal um. Gamelin wurde durch General Weygand ersetzt, und Daladier verlor nun auch das Amt des Außenministers. Charles de Gaulle, Colonel und zuletzt Befehlshaber einer Panzereinheit, wurde Unterstaatssekretär im Verteidigungsministerium und erhielt den Auftrag, Verbindung zum neuen britischen Premierminister Churchill zu halten.

Großbritannien, das um die eigene Verteidigungsbereitschaft fürchtete, weigerte sich, Flugzeuge nach Frankreich zu verlegen. Nach Rücksprache mit de Gaulle schlug Churchill statt dessen vor, eine britisch-französische Staatenunion zu bilden. Hilfesuchend wandte sich Reynaud an die USA, doch auch Präsident Roosevelt reagierte ausweichend. Pétain drohte daraufhin am 16. Juni mit seinem Rücktritt, falls man nicht sofort um einen Waffenstillstand nachsuchte. Als Renaud an der Reaktion von General Weygand erkannte, dass er die Armee nicht mehr auf seiner Seite hatte, trat er noch am gleichen Abend zurück.

Währenddessen schifften sich einige Parlamentarier, unter ihnen Daladier und Mandel, an Bord des Dampfers „Massilia" ein, um den Kampf von Nordafrika aus fortzusetzen. Pétain, der inzwischen von Präsident Lebrun zum neuen Regierungschef ernannt worden war, nahm unterdessen über Spanien Kontakt mit dem Reich auf. Pierre Laval sah eine Chance, sich Pétain für höhere Aufgaben zu empfehlen. Es gelang ihm, Präsident Lebrun zu überreden, im Land zu bleiben und vereitelte dadurch die Bildung einer legalen Exilregierung. Am 22. Juni 1940 wurde in Compiègne der Waffenstillstand mit dem Reich unterzeichnet. Als die „Massilia" zwei Tage später Nordafrika erreichte, wurden die Abgeordneten des Landesverrats beschuldigt und verhaftet.

Zwischen Pétain und Laval, die sich persönlich wenig Vertrauen entgegenbrachten, entwickelte sich ein Zweckbündnis. Als letzte Amtshandlung berief Präsident Lebrun die Nationalversammlung nach Vichy ein. Unter dem Einfluss von Laval und in Abwesenheit der Passagiere der „Massilia" erteilte sie am 10. Juli 1940 Pétain den Auftrag, eine neue Verfassung auszuarbeiten. Nach 70 Jahren hatte die Dritte Republik aufgehört zu existieren.

Auf der Basis des Ermächtigungsgesetzes proklamierte sich Pétain zum Chef des *État Français* und ernannte Laval zu seinem *Dauphin*. Pétain, der auf sein großes Prestige bei den Franzosen vertraute, wollte eine grundlegende Reform des Staates nach dem Vorbild Preußens, das nach der Niederlage im Krieg gegen Napoleon I. tiefgreifende Reformen eingeleitet hatte. Das militärische Debakel vom Sommer 1940 war für ihn der Beweis, dass die Republik als Staatsform versagt hatte. Frankreich müsse zu seiner alten Stärke zurückfinden, wenn es in den Kreis der Großmächte zurückkehren wolle. Vor allem müsse es sich zunächst einmal seiner autoritären

Tradition besinnen und seine Gesellschaftsordnung nach historischem Vorbild von Grund auf erneuern. An die Stelle von „Liberté, Égalité, Fraternité", den Prinzipien von 1789, setzte Pétain „Travail, Famille, Patrie". Im Zeichen der *Révolution nationale* wurden die Grundrechte neu definiert. Alle staatlichen Institutionen und deren Mitarbeiter wurden überprüft, Juden, Freimaurer und Kommunisten, nach deutschem Vorbild, aus der Gemeinschaft ausgeschlossen.

Pétain hatte in erster Linie den innenpolitischen Neuaufbau im Auge. Laval dagegen setzte große Erwartungen auf die Außenpolitik. Frankreich müsse schnell und entschlossen handeln, wenn es sich einen angemessenen Platz in einem künftig von Deutschland dominierten Europa sichern wolle. Laval plädierte daher für eine Zusammenarbeit mit dem Reich; ein Gedanke, der Pétain vor dem Hintergrund des Ersten Weltkrieges zwar wenig behagte, ihm aber als äußerer Rahmen für den Erfolg der ersten Stufe der *Révolution nationale* unerlässlich schien.

In der Sache war sich Pétain mit Laval einig, nicht jedoch in der Methode. Im Anschluss an sein Treffen mit Hitler in Montoire am 24. Oktober 1940 verkündete Pétain im Rundfunk, dass er sich zur *Collaboration d'État* mit Deutschland entschlossen habe, für die er allein die Verantwortung trage. Als er erkannte, dass Laval daraufhin die Verhandlungen mit dem Reich forcierte, ohne ihn regelmäßig über den Stand zu informieren, ließ ihn Pétain im Dezember 1940 fallen. Berlin wertete die Entlassung Lavals als Absage an die Kollaboration. Erst durch die Ablehnung, die dem neuen Regierungschef, Pierre-Étienne Flandin, entgegenschlug, wurde Pétain bewusst, in welchem Ausmaß sein Regime vom Wohlwollen des Reiches abhing. Auf Betreiben Berlins wechselte er nach wenigen Wochen Flandin gegen Admiral Darlan aus.

In Compiègne hatte Frankreich harte Waffenstillstandsbedingungen akzeptieren müssen. Das Land wurde in mehrere Zonen aufgeteilt. Pro Tag mussten 400 Millionen Francs als Besatzungskosten überwiesen werden. Kriegsgerät, Maschinen und Rohstoffe waren abzuliefern, über eine Million Kriegsgefangene wurden ins Reich transportiert, wo sie bis 1945 in der Rüstung und in der Landwirtschaft eingesetzt wurden. Der Plünderung der wirtschaftlichen und finanziellen Ressourcen hatte die Regierung nichts entgegenzusetzen, obwohl Vichy weiterhin formal die Hoheitsrechte über die Gebiete im Norden ausübte. Die Zusammenarbeit mit den Deutschen, wie sie speziell die französische Industrie frühzeitig ins Auge fasste, schien ein Weg zu sein, um wenigstens einen Teil der Souveränität zurückzugewinnen. Mit den Pariser Protokollen versuchte Darlan 1941 davon zu profitieren, dass das Reich in Nordafrika und dann vor allem nach Beginn des Krieges gegen die UdSSR auf die französische Unterstützung angewiesen war.

Der Widerstand gegen die Politik Vichys formierte sich nur langsam. Am 18. Juni, einen Tag nach Petains Ankündigung „il faut cesser le combat" („der Kampf muss beendet werden"), hatte de Gaulle in der BBC erklärt, dass Frankreich zwar eine Schlacht, aber nicht den Krieg verloren habe. Doch sein Aufruf, sich ihm anzuschließen, blieb zunächst ohne große Resonanz. Nur wenige Franzosen kannten den ehemaligen Colonel, der zudem mit dem Rücktritt Reynauds formal sein Amt verloren hatte. Pétain, sein ehemaliger Förderer, betrachtete ihn als Rebell und Marionette Großbritanniens, des Landes, dessen Flotte am 3. Juli 1940 in Oran die französische Kriegsmarine versenkt hatte, um die Auslieferung der Schiffe an das Reich zu verhindern.

Schritt für Schritt musste sich de Gaulle seine Anerkennung als Chef der Freien Franzosen erkämpfen. Dies galt sowohl auf internationaler Ebene, wo er sich bis 1944 nur der Unterstützung Churchills sicher sein konnte, als auch in Frankreich selbst. Hier regte sich zwar langsam Widerstand, doch agierten die einzelnen Gruppen getrennt voneinander und zunächst ohne Kontakt mit de Gaulle in London. Als nach Hitlers Angriff auf die Sowjetunion mit der Gründung des *Front national* nun auch die Kommunisten zum aktiven Widerstand übergingen, war es für de Gaulle Zeit zu handeln. 1942 schickte er Jean Moulin nach Frankreich, um die verschiedenen *Réseaux* in einer einheitlichen Organisation zusammenzufassen. Der *Conseil national de la Résistance* (CNR) erhöhte deren Schlagkraft, diente de Gaulle aber auch als Instrument im Kampf um Anerkennung als einzig legitimer Vertreter Frankreichs. Der Krieg gegen die Sowjetunion gab nicht nur den Kommunisten, sondern auch der extremen Rechten neuen Auftrieb. Jacques Doriot *(Parti populaire Français)* und Marcel Déat *(Rassemblement national populaire)* waren im Zuge der *Révolution nationale* von Pétain zunächst an den Rand gedrängt worden. Zwischen Déat und Doriot auf der einen und Botschafter Otto Abetz auf der anderen Seite wurde es für Darlan als offiziellem Regierungschef immer schwieriger, sich den Forderungen des Reiches zu entziehen. Frankreich entsandte eine *Légion des volontaires français* (LVF), um das Reich im „Kampf gegen den Bolschewismus" aktiv zu unterstützen. Die Fiktion einer eigenständigen Politik zum Wohle Frankreichs brach im Frühjahr 1942 in sich zusammen, als Pétain dem Druck Berlins nachgab, Darlan entließ und Laval an die Spitze der Regierung zurückrief.

Laval intensivierte die Kollaboration. Am 22. Juni verkündete er in einer Rede, dass er den deutschen Sieg wünsche, weil sonst der Bolschewismus triumphieren werde. In großen Razzien trieb die französische Polizei die Juden im Vélodrome d'hiver *(Vel d'Hiv)* und in Drancy zusammen und lieferte sie den Deutschen aus. Eine weitere Maßnahme war die *Relève*. Für drei Arbeiter, die Vichy ins Reich entsandte, sollte jeweils ein Kriegsgefangener heimkehren. Weil sich nur wenige Freiwillige fanden, wurde das Programm 1943 durch die Zwangsverpflichtung, den *Service de travail obligatoire* (STO), abgelöst.

Der Kriegsverlauf hatte zu diesem Zeitpunkt bereits neue Fakten geschaffen. Als Reaktion auf die Landung der Alliierten in Nordafrika besetzten deutsche Truppen am 11. November 1942 die freie Zone. Pétain protestierte, trat aber nicht zurück. Statt dessen schuf sich die Vichy-Regierung am 30. Januar 1943 mit der Miliz ein Machtinstrument, um den wachsenden Widerstand im eigenen Land zu bekämpfen, der durch die militärischen Rückschläge Deutschlands an allen Fronten Auftrieb erhielt. Auf die Attentate und Anschläge der Résistance antwortete die Besatzungsmacht, häufig unterstützt von der Miliz, mit harten Repressionsmaßnahmen wie Folter und Geiselerschießungen. Die Radikalisierung des Regimes, das sich zunehmend dem deutschen Vorbild anglich, verhärtete die Fronten und schuf ein Klima des Bürgerkrieges, das sich im Anschluss an die Landung der Alliierten am 6. Juni 1944 in der Normandie bei der Befreiung Frankreichs in der *épuration*, der französischen Form der Entnazifizierung, gewaltsam entlud.

Nach dem Abzug der Besatzer und der Flucht der Vichy-Regierung nach Sigmaringen übernahm häufig die Résistance zunächst die Macht. Vor allem in den Gebieten, die nicht von den alliierten Truppen, sondern von den *Forces françaises de l'intérieur* (FFI) befreit worden waren, stand die Regierung in Paris der mächtigen, häufig kommunistisch dominierten Widerstandsbewegung anfangs meist recht hilflos gegenüber. Neben dem Gedanken der Rache bis hin zu kriminellen Motiven spielten dabei insbesondere in Südfrankreich oft auch klassenkämpferische Aspekte eine Rolle. Zu den Opfern zählten nicht nur Vichy-Beamte, Notabeln und Angehörige der Miliz, sondern auch Industrielle, Geistliche sowie ehemalige sozialistische oder bürgerliche Parteifunktionäre. Erst nach mehreren Monaten und dem Aufbau einer neuen Administration sollte es der Regierung gelingen, diesen Zustand der Rechtsunsicherheit zu beenden.

Die Entscheidung de Gaulles, Pétain, der ebenso wie Laval zum Tode verurteilt worden war, zu lebenslanger Haft zu begnadigen, löste in der französischen Öffentlichkeit heftige Kontroversen aus. Doch insgesamt betrachtet erlahmte das Interesse an einer systematischen Verfolgung und Bestrafung der Täter rasch, nachdem die spektakulären Fälle abgeurteilt waren. Etwa 10 000 der Todesurteile, die meisten davon in den Jahren 1944-1946, waren bereits vollstreckt, als die Kammer am 5. Januar 1951 ein erstes Amnestiegesetz verabschiedete. Knapp über die Hälfte (etwa 87 000) der rund 160 000 Ermittlungsverfahren hatte zu Verurteilungen geführt, als Frankreich mit dem zweiten Gesetz vom 6. August 1953 dieses dunkle Kapitel in seiner Geschichte abschloß. Der Mantel des Schweigens, der über die unbewältigt gebliebene Vergangenheit gebreitet werden sollte, erwies sich jedoch als zu kurz. Fünfzehn Jahre später, bei den Unruhen des Mai 68, lebte auch die Erinnerung an die eigenen Verstrickungen während des Zweiten Weltkriegs wieder auf. Das „Vichy-Syndrom", das durch Affären wie Papon, Barbie, Touvier und Bousquet immer wieder neu belebt wurde, gehört inzwischen zu den festen Bestandteilen der französischen Innenpolitik.[7]

---

7   Hinrichs, a.a.O., S. 361 f., S. 403 ff.

2. „ANTIGONE"

2.1   Der antike Mythos

Antigone: Tochter des Königs Ödipus von Theben und seiner Gattin und Mutter Jokaste (oder Epikaste). Die bekannteste Überlieferung ihrer Lebensgeschichte ist in den Dramen „König Ödipus", „Ödipus auf Kolonos" und „Antigone" von Sophokles dargestellt, doch gab es auch noch andere Versionen (darunter eine verlorene Tragödie des Euripides). Nachdem sich Ödipus, nach der Entdeckung seines Inzests mit Jokaste, geblendet und Jokaste sich erhängt hatte, gelobte er, seine befleckte Familie und das Land zu verlassen, doch überredete ihn sein Schwager Kreon, noch für einige Zeit zu bleiben, während der Kreon Herrscher über Theben war. Später bemächtigten sich Ödipus' Söhne Eteokles und Polyneikes des Thrones und vertrieben den Vater; Antigone begleitete ihn auf seinen Wanderungen, um ihn zu führen, obwohl Kreon sie bereits seinem jüngsten Sohn Haimon versprochen hatte. Als Ödipus endlich den Heiligen Bereich des Poseidon auf dem Kolonos erreicht hatte, wo ihm zu sterben bestimmt war, brachte ihnen Antigones Schwester Ismene die Nachricht, daß sich die Brüder überworfen hätten, und daß Kreon, der auf der Seite Eteokles' stand, Ödipus bitten ließ, nach Theben zurückzukehren, weil seine Gegenwart nach einem Orakelspruch jener Partei Glück bringen werde, die ihm Schutz gewähre. Ödipus nahm Zuflucht im Heiligtum, doch Kreon rückte mit Soldaten an und versuchte, Ismenes und Antigones habhaft zu werden, um Ödipus zum Nachgeben zu zwingen. Ödipus aber veranlaßte die Bewohner von Kolonos, nach König Theseus von Athen zu schicken, der umgehend eintraf und die Schwestern befreite. Dann kam Polyneikes, und auf Bitten Antigones hörte sich Ödipus an, was er zu sagen hatte; doch mit einem Fluch lehnte er Polyneikes' Vorschlag ab, Eteokles aus Theben zu verjagen.

Als schließlich Ödipus von dieser Erde verschwand („Donner und Blitz des Zeus begleiten ihn in den Hades" - oder „von den Göttern entrückt war"), kamen Antigone und Ismene freiwillig mit nach Theben, wo Polyneikes die Stadt mit den „Sieben" überfiel und sich Eteokles und er im Einzelkampf gegenseitig erschlugen. Den Leichnam des Eteokles begrub Kreon mit fürstlichen Ehren, doch den Polyneikes betrachtete er als Aufrührer und Verräter, und so überließ er seine Leiche der Fäulnis und gestattete niemandem, sie zu berühren. Antigone wollte diese Gottlosigkeit nicht hinnehmen und gewährte dem Leichnam ein symbolisches Begräbnis, indem sie ihn mit drei Handvoll Erde bestreute. Die Soldaten Kreons überraschten sie dabei, und er verurteilte sie wegen ihres Ungehorsams zum Tode. Damit aber den König formal keine Schuld an ihrem Untergang treffen konnte, wurde sie bei Wasser und Brot lebendig eingemauert. Haimon, der Sohn Kreons und Verlobte Antigones, verwandte sich nun für sie und protestierte vergeblich bei seinem Vater. Antigone hatte Ismenes Bitten abgelehnt, ihr Los teilen zu dürfen (sie war bei der pietätvollen Handlung nicht zugegen), und so überließ man Antigone ihrem Schicksal.

Kurz darauf erschien der blinde alte thebanische Seher Teiresias. Er bedeutete Kreon, er habe unmißverständliche Zeichen einer schweren Verfehlung entdeckt, und gebot ihm, den Toten zu begraben und die Lebende auszugraben. Dementsprechend begrub Kreon seinen Neffen Polyneikes und öffnete die Höhle, in der Antigone eingemauert worden war: er fand nur noch ihren Leichnam vor, denn sie hatte sich erhängt. Haimon verfluchte Kreon und wollte ihn umbringen, erdolchte aber dann sich selbst. Als sie davon erfuhr, beging Kreons Frau Eurydike ebenfalls Selbstmord. Soweit die Version des Sophokles.

Bei Euripides sind uns die Ereignisse nur indirekt und ungenau bekannt; sie wichen wahrscheinlich in folgendem von Sophokles ab: Da das Gesetz es befahl, daß eine verheiratete oder verlobte Frau von ihrem Gatten bestraft wurde, mußte Haimon das Urteil Kreons an Antigone vollstrecken. Haimon tat es zum Schein, verbarg aber Antigone auf dem Lande, wo sie ihm einen Sohn gebar. Viel später kam der Jüngling nach Theben, um an den Spielen teilzunehmen. Als er sich für einen Wettlauf entkleidet hatte, bemerkte Kreon auf seinem Körper das speerspitzenförmge Muttermal, das alle Nachfahren der „fluchbeladenen Männer" von Theben trugen; er erklärte ihn zum Bastard und verurteilte Haimon und Antigone augenblicklich zum Tode. Dionysos (oder Herakles) baten um ihr Leben, und sie wurden begnadigt und formell getraut (nach einer anderen Überlieferung war Herakles' Bitte umsonst). Name und Schicksal des Sohnes sind uns unbekannt geblieben. In einer weiteren Darstellung heißt es, daß Antigone der Argeia, der Frau des Polyneikes, bei dessen Begräbnis half und daß sie seinen Leichnam im Mondschein auf den noch brennenden Scheiterhaufen des Eteokles schleppten, wo er verbrannte. Die Wachen nahmen die beiden Frauen gefangen und führten sie vor Kreon, der sie zum Tode verurteilte; nur der Anmarsch eines athenischen Heeres unter Theseus rettete sie. Nach einer etwas früheren Version waren Antigone und Ismene die Opfer des Eteoklessohnes Laodamas, der sie im Tempel der Hera verbrannte. Die Sage um Antigone war Homer unbekannt.[8]

---

8   Grant/Hazel, a. a. O., S. 51-53.

Der mythologische Hintergrund

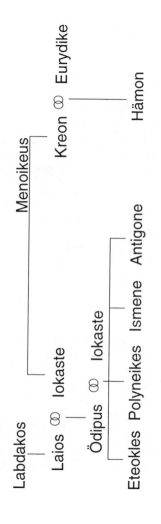

Labdakos

Laios ⚭ Iokaste

Menoikeus

Kreon ⚭ Eurydike

Hämon

Ödipus ⚭ Iokaste

Eteokles Polyneikes Ismene Antigone

51

2.2 Der Antigone-Stoff

Die griechische Dichtung hat das Verhängnis, das über Ödipus hereinbricht, sich auch an seinen Kindern auswirken lassen. Im *Ödipus auf Kolonos* (406 v. Chr.) des Sophokles ist Antigone die treue und geduldige Tochter, die ihren Vater in die Verbannung begleitet. Ihr besonderes Schicksal setzt erst ein, als die Brüder Eteokles und Polyneikes sich entsprechend dem Fluch des Vaters im Kampf um Theben gegenseitig umgebracht haben (Sieben gegen Theben). Sophokles' *Antigone* (441 v. Chr.) zeigt Antigone am Hof ihres Onkels Kreon, der nach der Brüder Tod den Thron bestiegen und die Bestattung des Landesverräters Polyneikes bei Todesstrafe verboten hat. Während die sanfte und kleinherzige Ismene sich dem Zwang beugt und der Schwester ihre Mithilfe versagt, geht Antigone in <u>Erfüllung göttlicher und menschlicher Pflicht,</u> aber auch in dem ihrem Geschlechte eigenen Trotz zweimal auf das Schlachtfeld, bedeckt den Bruder mit Erde, wird gefasst und verurteilt. Die Entschlossenheit und Kühnheit, die sie in der Unterredung mit Kreon zeigt, und die stolze Verachtung, mit der sie die Schwester abweist, wandelt sich im Angesicht des Todes zu rührender Klage. Im Grabgewölbe, in das man sie lebendig einmauert, erhängt sie sich, und ihr Verlobter Hämon, Kreons Sohn, kommt zu ihrer Rettung zu spät. Kreon, der mit der Verbohrtheit des Mittelmäßigen auf seiner Strenge beharrte, lenkt erst ein, als der Sänger Teiresias Hämons Tod prophezeit. Er eilt zum Grabe, Hämon zückt das Schwert auf den Vater, verfehlt ihn und tötet sich selbst; der Selbstmord der Gattin Eurydike vervollständigt das Unglück des gebrochenen Kreon.

Die durch die strenge Führung des Konfliktes, das humanitäre Bekenntnis – „Nicht mitzuhassen, mitzulieben bin ich da" – und die Märtyrer-Haltung Antigones vorbildlich gewordene Tragödie hat in Antike und Neuzeit Rivalen, Nachahmungen und Bearbeitungen weit hinter sich gelassen. Bereits die *Antigone* (um 410) des Euripides, die nur in Bruchstücken erhalten ist, scheint sich nicht mehr auf der Höhe der Sophokleischen bewegt zu haben. Sie setzte Hämon und seine Liebe stärker ins Spiel; Hämon hilft Antigone bei der Bestattung des Bruders, und beide werden dabei ertappt; sie ist schwanger von ihm, heiratet ihn später und gebiert ihm einen Sohn. Auch die Antigone in den *Phoinissen* (411/408 v. Chr.) des Euripides, die nach dem Ende der Brüder – das Ödipus hier überlebt – den Vater klagend aus dem Palast ruft, ihn auf dem Weg in die Verbannung begleitet und sich drohend von ihrem Bräutigam Hämon lossagt, ist eine weit blassere Gestalt. Aus den erhaltenen Bruchstücken der *Phönissen* des Seneca ist die Behandlung des Stoffes nicht zu ersehen. Varianten des Handlungsablaufs finden sich in Statius' *Thebais* (80-92) und Hygins *Fabulae* (2. Jh. n. Chr.).

Die erste neuere Bearbeitung, eine freie Version des Sophokleischen Textes, stammt von L. Alamanni (1533), nachdem schon G. Rucellai (*Rosmunda* 1515) das von Sophokles übernommene Motiv der verweigerten Bestattung in seiner Dramatisierung des Alboin-und-Rosamunde-Stoffes verwendet hatte. Trapolini (*Antigona* 1581) schwärzte das Bild Kreons, der zwar seinem Sohn zusagt, Antigone zu schonen, wenn Hämon statt ihrer eine schottische Prinzessin heiratet, aber dann sein Versprechen bricht und Antigone heimlich einkerkern lässt. Die erste Übertragung der *Antigone* des Sophokles ins Französische stammt von dem Pléiade-Mitglied J.-A. de Baif (1573). Für R. Garnier (*Antigone ou La piété* 1580), der unter Vermischung von Zügen aus Sophokles und Seneca die Geschichte der Sieben gegen Theben mit einbezog, wurde Antigone zum Inbegriff frommen Familiensinns. Auch J. de Rotrous Drama (1638) umgriff den Kampf um Theben wie Antigones Ende und machte aus Antigone und Hämon ein schmachtendes Liebespaar. Motive der Euripideischen Antigone, von Hygin u. a. überliefert, wurden hier und auch bei Rotrous Nachfolgern wirksam. So erscheinen die Verlobten auch in Racines *La Thébaide ou les Frères ennemis* (1664), nur dass Antigone hier noch einen zweiten Bewerber in Gestalt Kreons hat, der die Brüder gegeneinander hetzt, um die Herrschaft zu gewinnen, und sich über den Tod des eigenen Sohnes freut, weil er Antigone besitzen will;

bei ihrem Tod nimmt er sich das Leben. Aus dem Ringen sittlicher Kräfte und harter Charaktere ist bei Racine eine Intrige geworden. Auf Racine stützte sich Alfieri, der den Stoff jedoch wieder auf zwei Dramen verteilte, von denen die *Antigone* (1783) das selbständigere ist. Antigone, die hier eine Teilhaberin ihrer Tat in der Witwe des Polyneikes bekommen hat, fällt dem Hass des Kreon gegen ihr Geschlecht zum Opfer, nachdem sie es abgelehnt hat, ihm die Herrschaft durch eine Ehe mit seinem Sohn zu sichern; der liebende Hämon tötet sich an ihrer Leiche. Von den etwa 25 Antigone-Opern, die hauptsächlich dem 18. Jahrhundert angehören (B.Pasqualigo/G. M. Orlandin 1718; Coltelini/Traetta 1772; A. Sacchini/Guillard 1787; Marmontel/Zingarelli 1700) und z. T. einen versöhnlichen Ausgang haben (Coltelini, Marmontel), ist keine bedeutend. Die in den davorliegenden Jahrhunderten entwickelten Motive des Stoffes wurden 1814 durch einen Roman von P. S. Ballanche zusammengefasst, in dem Teiresias als Erzähler fungiert: die Brüder töten einander, ohne es zu wissen, und Antigone ist eine priesterliche Gestalt, die durch ihr Opfer die Schuld des Geschlechtes büßt; in ihrem Geschick wollte der Verfasser zugleich das der Herzogin von Angoulême, Tochter Ludwigs XVI. und Marie-Antoinettes, schildern.

Zu Beginn des 19. Jahrhunderts erhielt Sophokles' Tragödie, die in Deutschland bis dahin nur in Opitz' Übersetzung (1636) bekannt war, durch Hölderlins Übersetzung (1804) ein würdiges deutsches Sprachgewand. Die Neudichtungen des Jahrhunderts sind dagegen verharmlosend oder einfallslos. F. H. Bothe (*Der Ödipiden Fall oder die Brüder* 1822) ließ Kreon schließlich die Bestattung erlauben, so dass Antigones Tat überflüssig ist; W. Frohne (1852) verschmolz die fünf erhaltenen griechischen Tragödien zur thebanischen Sage zu einem Drama um Antigone als Zentralgestalt; in E. Reichels Drama (1877) hat das Volk dem widerwillig nachgebenden Kreon das Verbot aufgezwungen, und erst zu spät findet er eine Gelegenheit, seine Befehle rückgängig zu machen; bei H. St. Chamberlain (*Der Tod der Antigone* 1915) stößt sich Antigone den Dolch des Retters ins Herz, weil sie nicht glaubt, weiterleben zu können. Eine Neuinterpretation ohne wesentliche Änderung der Handlung des Sophokles setzt mit W. Hasenclever (1917) ein; ihm ist Antigone die Künderin humanistischer und pazifistischer Ideen, ihr für die Brüderlichkeit der Menschen geleisteter Opfertod überwindet auch Kreon, der abdankt. J. Anouilh (1942) sah in seiner Antigone, die stolz und konsequent den Tod einem Dutzendglück vorzieht, den Protest des einzelnen, der an der tyrannischen Vernunft der Gesellschaft scheitern muss. B. Brecht (*Antigone-Modell 48*, 1948) deutete die Richtung seiner Aktualisierung schon im Vorspiel an, das zwei Schwestern in einer Berliner Wohnung von 1945 zeigt, von denen die eine den eben wegen Fahnenflucht gehenkten Bruder vom Baum abschneiden will. Ähnlich erneuerte F. Lützkendorf (*Die cyprische Antigone*, Dr. 1957) den klassischen „Fall" an der Gestalt eines Mädchens, das während des Widerstandskampfes auf Zypern ihren hingerichteten Vater würdig bestatten möchte. Neben Brechts und Lützkendorfs Dramen steht als Versuch einer aktualisierenden Umdichtung R. Hochhuths Novelle *Die Berliner Antigone* (1964), in der ein Berliner Mädchen die Leiche ihres wegen staatsfeindlicher Äußerungen hingerichteten Bruders aus der Anatomie entfernt, entgegen Hitlers Befehl bestattet und versteckt hält. Ihr Verlobter erschießt sich an der Front, sein Vater, ihr Richter, versucht vergebens, sie zu retten. Sie stirbt ohne Reue, obwohl sie ihre Tat in der Todesangst kaum mehr begreift. J. Cocteau (1922) dagegen gab „aus der Vogelperspektive" ein knappes Prosakonzentrat des Sophokleischen Stückes, zu dem A. Honegger die Musik schrieb. Die Oper C. Orffs (1949) hält sich an den Hölderlinschen Text.[9]

---

9   Frenzel, a.a.O., S. 49 - 51.

2.3 Die „Antigone" von Sophokles und Anouilh

SOPHOKLES:

ANOUILH:

1. Phase:
Antigone stellt sich dar in ihren Beziehungen zu verschiedenen Personen ihrer Umgebung: zu ihrer Amme und Vertrauten, die ihren frühmorgendlichen Ausgang bemerkt hat und von ihr in dem Glauben gelassen wird, es handle sich um ein heimliches Rendezvous mit einem Liebhaber (hierbei Erwähnung des Kreonssohnes Haimon, ihres Vetters und Verlobten, den sie angeblich hintergeht); zu Ismene, ihrer zaghaften Schwester, die sich weigert, Antigone bei der Bestattung ihres Bruders Polyneikes zu unterstützen (hierbei Erwähnung des Erlasses, durch den Kreon jeden Versuch untersagt, den als Feind seiner Vaterstadt gefallenen Polyneikes beizusetzen, und etwaige Übertreter mit der Strafe des Lebendig-Begrabenwerdens bedroht); schließlich zu Haimon, von dem sich Antigone in dunklen, anspielungsvollen Worten verabschiedet.

1. Phase: 1-383
Antigone berichtet [ihrer Schwester Ismene]

Antigone bekennt ihrer Schwester Ismene, daß sie bereits an diesem Morgen gegen Kreons Verbot gehandelt hat.

vom Verbot Kreons, Polyneikes zu begraben, und [äußert] den Entschluß, gegen dieses Verbot zu handeln. [Ismene verweigert ihre Unterstützung]. Kreon erfährt [durch einen Wächter], daß gegen sein Verbot gehandelt wurde, und verflucht den noch unbekannten Täter.

Kreon erfährt durch einen Wächter, daß gegen sein Verbot gehandelt wurde, und befiehlt Geheimhaltung des Delikts, dessen Bekanntwerden Unruhen im Volk heraufbeschwören könnte.

2. Phase: 384-625
Änderung der Beziehung Kreons zu Antigone und Ismene nach dem Bekanntwerden der Tat Antigones; außerdem Erwähnung Hämons und seiner Beziehung zu Antigone.

2. Phase:
Keine Änderung der Beziehung Kreons zu Antigone, nachdem ihm deren Urheberschaft an der Tat bekannt geworden ist. Kreon möchte verhindern, daß die Geschichte publik wird, da er dann die Strafe vollstrecken lassen müßte, und versucht Antigone von ihrer Märtyrer-Rolle abzubringen. Dadurch, daß er sie über den wahren Charakter ihrer Brüder Eteokles und Polyneikes aufklärt, gelingt es ihm, sie ihrem Entschluß, für ihre pietätvolle Handlung zu sterben, abwendig zu machen. Es ändert sich also die Beziehung Antigones zu ihrem toten Bruder.

3. Phase: 626-752
Kreon wendet sich gegen Hämon, da dieser

3. Phase:
Antigone wendet sich gegen Kreon, da dieser ihr die ihr unerträgliche Idee eines

gegen eine Bestrafung Antigones eintritt.

bescheidenen, illusionslosen "Glücks" vorhält, um dessentwillen es sich zu leben lohne. Antigone ist nun entschlossen zu sterben. Das Hinzutreten Ismenes, die ankündigt, sie werde Antigones Beispiel folgen, erleichtert es ihr, Kreon dahin zu bringen, daß er in Ratlosigkeit und Zorn die Wächter ruft.

4. Phase: 753-1090
Die Beziehung Hämons zu seinem Vater ändert sich, da dieser seine Einwände nicht gelten läßt und ihn schmäht. Teiresias tritt neu hinzu.

4. Phase:
Die Beziehung Hämons zu seinem Vater ändert sich, da dieser sich als ohnmächtig erweist, Antigone zu retten.

5. Phase: 1091-1353
Von Furcht erfüllt [durch Teiresias' Voraussage, er werde mit dem Leben seines Sohnes zahlen müssen], ändert Kreon seine vorherigen Entschlüsse [. . .]. Die Änderung kommt zu spät, die Katastrophe hat bereits eingesetzt [Botenberichte: Kreon und seine Leute entdecken, daß Hämon sich mit Antigone ein-

5. Phase:

Die Katastrophe tritt ein. Botenberichte: Kreon und seine Leute entdecken, daß Hämon sich mit Antigone einmauern ließ; als sie das Grabgemach öffnen, nimmt Hämon sich, gleich Antigone, die sich erhängt hat, das Leben. Eurydike, Kreons Frau, erfährt dies und begeht gleichfalls Selbstmord.

mauern ließ; als sie das Grabgemach öffnen, nimmt Hämon sich, gleich Antigone, die sich erhängt hat, das Leben. Eurydike, Kreons Frau, erfährt dies und begeht gleichfalls Selbstmord].[10]

---

10   Goebel, a. a. O., S. 176-178.

2.4 Der Gang der Handlung

Das einaktige Stück beginnt mit einem längeren Monolog des
Sprechers, der sich direkt an die Zuschauer wendet und die auf der
Bühne versammelten Personen vorstellt. Er beschreibt sie und ihr
Verhalten vor dem Einsetzen der eigentlichen Handlung und erläutert
ihre in dem sogleich einsetzenden Stück zu übernehmende Rolle.
Darauf stellt er kurz die an sich aus der Antike bekannte Situation und
Personenkonstellation zu Beginn des Spiels dar: Nach dem Tod der
beiden Söhne des Ödipus übernimmt Kreon, dessen Schwager, die
Regierungsgeschäfte. Zum Auftakt seiner Herrschaft verbietet er die
Bestattung des einen Sohnes (Polyneikes) und bedroht alle mit der
Todesstrafe, die dieses Verbot zu überschreiten wagen.

Im französischen Original wird die Rolle des Spechers mit „Le
Prologue" und „Le Choeur" bezeichnet. Die deutsche Wiedergabe
beider Bezeichnungen mit „Sprecher" zeigt an, daß es sich um ein und
dieselbe Person handelt, deren Rolle sich im Verlauf des Stückes
allerdings ändert. Während seiner ersten beiden Auftritte steht er
außerhalb des eigentlichen dramatischen Geschehens und zeigt die
Überlegenheit dessen, der alles weiß und die Personen am Band hat
wie ein Marionettenspieler. Nach der ersten Szenenfolge unterbricht
er das Spiel und interpretiert es als Tragödie. Seine Rolle ist also recht
vielfältig: Er stellt vor, informiert, gibt Vorschau, interpretiert, definiert,
argumentiert, philosophiert, und schließlich agitiert er auch, wenn er
die Tragödie als etwas für Könige empfiehlt. Diese Rolle außerhalb
des Geschehens hält er aber nicht durch. Er tritt auch in die Handlung
ein und wird selber zur mitspielenden Person. Er übernimmt bei dem
Versuch, im Gespräch mit Kreon Antigone zu retten, möglicherweise
die Position der Zuschauer, die trotz der desillusionierenden Wirkung
der Eingangsszene um das Schicksal der Antigone zu bangen beginnen und im Sprecher einen - letztlich erfolglosen - Mitstreiter erblicken.
Im weiteren Verlauf des Stückes ändert sich die Rolle des Sprechers
noch einmal. In den letzten Szenen erscheint er zunächst wieder als

Arrangeur, der außerhalb des Spieles steht. Dann wird er zu einem unbestimmten Mitspieler, der Kreon den Tod Eurydikes berichtet. Sein Ton ist jedoch nicht der eines sachlich berichtenden Boten, sondern der eines ironisch distanzierten Sprechers.

Früh am Morgen findet Antigones Amme das Bett ihres Schützlings leer. Sie trifft die von einem Spaziergang heimkehrende Antigone und macht ihr Vorwürfe, weil sie glaubt, Antigone habe sich heimlich mit einem Liebhaber getroffen. Der Zuschauer ist von der Richtigkeit der Aussage Antigones überzeugt, die die Vermutung ihrer Amme zurückweist; er ahnt, daß der nächtliche Ausgang im Zusammenhang mit Kreons Bestattungsverbot stehen muß, denn er kennt - im Gegensatz zur Amme - die entsprechenden Andeutungen des Sprechers aus der Eingangsszene. Ismene, Antigones Schwester, kommt hinzu und schneidet - nachdem beide allein sind - unvermittelt das Problem an, das sie beide intensiv beschäftigt: nämlich die Bestattung ihres Bruders Polyneikes. Sie will Antigone davon überzeugen, daß sie es nicht tun können, da Kreon sie sonst töten werde. In mehreren Anläufen versucht Ismene ihre Schwester - einmal mehr rational, dann mehr emotional - von ihrem Vorhaben abzubringen. Aber ihr Drängen, ihre Argumentation, die Darstellung der Details der zu erwartenden Exekution: all dies überzeugt Antigone nicht, obwohl sie selbst nicht unbedingt mutiger als ihre Schwester sei. Ismene lockt - eher unfreiwillig - Antigone aus ihrer defensiven Haltung heraus und läßt diese in leidenschaftlichen und überzeugenden Worten ihre Einstellung offensiv vertreten. Sie verspricht Ismene zwar am Ende dieses Dialogs, noch einmal die Sache zu überdenken und mit ihr zu reden, aber der Zuschauer wird dies wohl zu recht eher als Vertröstung denn als wahre Absicht zu verstehen wissen.

Antigones in der Auseinandersetzung mit Ismene gezeigte Stärke ist in Wahrheit ein Kampf gegen ihre Schwäche und Schutzbedürftigkeit, wie sich im nachfolgenden Gespräch mit ihrer Amme zeigt. Hier erleben wir den kindlichen und ängstlichen Zug in ihrem Wesen. Auch sprachlich wird dieser Kontrast sehr überzeugend von Anouilh herausgearbeitet.

In der Begegnung mit ihrem Verlobten Hämon wird wiederum ein anderer Aspekt Antigones deutlich: Sie projiziert ihr eigenes Schutzbedürfnis auf den von ihr und Hämon gewünschten gemeinsamen Sohn. Diese irreale Vision einer liebenden, fürsorglichen Mutter gibt ihr in einer eigentlich verzweifelten, ja tragischen Situation die notwendige Kraft. Zugleich ist diese Utopie für sie ein sicheres Zeichen dafür, daß ihre Liebe zu Hämon echt ist. Indem sie ihm ihre Liebe gesteht und ihm gleichzeitig mitteilt, nie seine Frau werden zu können, verlangt sie Unmögliches von Hämon, den sie vorher nachdrücklich zu schweigen verpflichtet hatte. Aus doppelter Sicht ergibt sich für den Zuschauer an dieser Stelle ein spannungsgeladenes Moment, das nur schwer zu ertragen ist: Hämon, der nicht verstehen kann, was sie sagt, muß sie kommentarlos und voller ungestellter (und damit unbeantworteter) Fragen zurücklassen; und Antigone durchlebt hier einen Spannungsbogen, der von der extremen Liebe zum Leben (und zur Schaffung neuen Lebens!) bis zur absoluten Todesbereitschaft reicht.

Voller Angst meldet ein Wächter Kreon, daß trotz peinlicher Einhaltung der Wachvorschriften jemand in der Nacht Erde auf den toten Polyneikes geworfen habe. Kreon verpflichtet den Wächter, daß er und sein Kollege nichts von der Tat verlauten lassen dürfen. Er wird nachdenklich, als er erfährt, daß die Spuren am Tatort auf ein Kind hindeuten. Der Zuschauer weiß, daß es sich um Antigone handelt, die in der unmittelbar vorausgehenden Szene ihrer Schwester gestanden hat, bereits vor ihrem ersten Gespräch mit ihr Polyneikes bestattet zu haben.

An dieser Stelle unterbricht der Sprecher die Handlung und erläutert dem Zuschauer die gattungsspezifischen Merkmale der Tragödie und des Dramas. Er deutet das bisherige Geschehen als Tragödie, aus der der Mensch gestärkt hervorgehen könne. Die Annahme der Gefangenschaft durch Antigone ermögliche ihr nämlich, „zum erstenmal in ihrem Leben ganz sie selbst sein zu können." Diese Interpretation deutet das äußere Scheitern Antigones letztlich als inneren Triumph, als Sieg ihrer moralischen Größe.

Als Antigone zum zweiten Mal Erde auf den Leichnam ihres Bruders wirft, wird sie von den Wächtern gefangen genommen und zu Kreon geführt. Am Sachverhalt kann für diesen kein Zweifel bestehen, zumal Antigone sich klar zu ihrer Tat bekennt. Nachdem Kreon die Wächter entläßt, ist er mit Antigone allein. In dieser entscheidenden Szene stehen sich nun die beiden Hauptkontrahenten des Stückes gegenüber. Antigones bisheriger Weg verlief so, daß sie sukzessive Abschied genommen hat von denen, die sie liebt: die Amme, Ismene, Hämon. Sie hat zugleich in diesen verschiedenen Dialogen ihre Position gestärkt, sie hat ihre Tat wiederholt und sich so äußerlich und innerlich auf die Begegnung mit Kreon - und damit auf den Tod - vorbereitet.

„Im nun folgenden Dialog unternimmt Créon mehrere Anläufe, Antigone zur Umkehr zu bewegen. 1. Versuch: die pragmatische Lösung. Die Affäre wird niedergeschlagen und vergessen, die Wachen wird man, als einzige Mitwisser, beseitigen. Antigone reagiert verbohrt („Je le devais"), läßt ihre religiöse Pflicht anklingen. Für Créon beweist dies ihren Hochmut, den Hochmut des Ödipus, der sie habe glauben lassen, daß ihre königliche Abstammung sie vor Strafe bewahrt. Antigone bleibt unbeweglich. 2. Versuch: Créon erläutert, wie nichtig die Riten letzten Endes sind, und Antigone gibt ihm recht, bleibt dennoch hart. Wenn nicht für ihren Bruder, wenn nicht, um der religiösen Pflicht zu genügen, so habe sie es eben für sich selbst getan („Pour moi"), es war einfach ihre Aufgabe, ihre Rolle. Reaktion Créons: dem Mädchen fehlt nur die starke Hand, um sie zur Räson zu bringen, bildlich wie konkret (er packt sie, daß sie aufschreit), ohne Erfolg. 3. Versuch: die Hintergründe, politisch („ce n'est qu'une histoire de politique"). Das Bestattungsverbot entspringt schlichter politischer Notwendigkeit, ist eine Machtfrage. Antigones Antwort ist ebenso schlichtes Sich-Verweigern („Moi, je peux dire 'non'"). Créon hält dagegen: es gehe nicht um Ja oder Nein oder darum, wer nun recht habe, wichtig sei allein, daß das Staatsschiff auf Kurs bleibt, und das verlange eben Opfer und das Hintanstellen persönlicher Bedenken und Empfindlichkeiten. Vergebens. 4. Versuch: die Hintergründe, privat („histoire sordide"; „cette pauvre histoire"). Etéocle und Polynice waren beide Halunken, einer nichtswürdiger als der andere, haben schon Ödipus umzubringen und sich gegenseitig aufs Kreuz zu legen versucht, Etéocle, der „gute" Bruder, war keinen Deut besser als sein Gegenspieler, allein die Staatsräson verlangt, den einen in den Himmel zu heben, den anderen zum Unhold zu machen. Créon läßt Antigone hinter die Kulissen blicken und enthüllt das Ganze - „ce drame où tu brûles de jouer un rôle" - als eine schmutzige Hintertreppengeschichte - „la cuisine". Und Antigone, restlos desillusioniert, ist für einen Moment bekehrt, wie im Schlaf erhebt sie sich und will zurück auf ihr Zimmer gehen. Es folgt 5. Créons Loblied auf das Leben, das nun vor ihr liegt, auf die einfachen Dinge, die das Glück des Lebens ausmachen. Antigone bäumt sich ein letztes Mal auf: an diesem Leben müßte ihr Reinheitsideal zerschellen, dazu kann sie nicht Ja sagen, sie will alles - oder nichts („je veux tout, tout de suite"), sie ist es nun, die sich in Rage redet, und als Ismène hereinkommt und das Schicksal der Schwester teilen will, wird sie schroff zurückgewiesen, zum Absolutheitsanspruch gesellt sich der Anspruch, das Ideal allein zu vertreten und allein in den Tod zu gehen („C'est moi, c'est moi seule"). Es bleibt dabei: „Tu as choisi la vie et moi la mort" (ein direktes Sophokles-Echo). Créon hat alle Möglichkeiten durchgespielt, er ruft die Wachen, Antigone wird abgeführt. Im Gespräch mit dem Chor zieht er, erschöpft, Bilanz: „Antigone était faite pour être morte. [. . .] Polynice n'était qu'un prétexte."

Am Ende dieses dramatischen Höhepunktes der „Antigone" erscheint der Sprecher also wieder, allerdings in anderer Funktion. Er wendet sich jetzt nicht mehr an die Zuschauer, sondern an Kreon. Damit steht er nicht mehr außerhalb des Geschehens als Kommentator und Interpret, sondern nimmt gleichsam an der Handlung teil. Er scheint Antigone - ganz im Gegensatz zu seinen ursprünglichen Ausführungen in der Eingangsszene - retten zu wollen. Aber Kreon verneint diese Möglichkeit der Rettung, da es ihre Bestimmung sei, nein zu sagen und zu sterben. Nach dem Sprecher versucht nun Hämon, Antigones Leben zu bewahren. Auch ihn muß Kreon in gleicher Weise enttäuschen: Es ist letztlich die Machtlosigkeit der Mächtigen, die ihn - Kreon - nicht anders handeln lasse. Seine Position im Staat ist die eines Menschen, der allein ist und Entscheidungen treffen muß, unabhängig davon, wie er zu ihnen steht.

Antigone bleibt alleine mit einem Wächter zurück. Das Gespräch mit ihm ist zugleich Symbol für die Grenze menschlicher Kommunikation, denn die Dinge, von denen gesprochen wird, berühren letztlich nicht den jeweiligen Kommunikationspartner; ja man versteht sich eigentlich - im echten Sinn des Wortes - nicht. Ein Abschiedsbrief, den der Wächter auf Antigones Bitte und mit ihren Worten schreiben soll, wird Antigones Verlobten nie erreichen . . .

Der Sprecher arrangiert die Berichte über das weitere Geschehen: über den Selbstmord Hämons, Antigones und Eurydikes. Kreon bleibt mit seinem Pagen allein zurück und rechtfertigt noch einmal seine Tat, die vollbracht werden mußte, auch wenn sie eine schmutzige war. Aber einen anderen als ihn gab es nun einmal nicht in der Position desjenigen, der die Staatsräson verkörperte.

Darüber fällt der Vorhang.

„Ein Gedanke durchzieht das Stück wie ein roter Faden: Antigone, das ist die Kleine, das Mädchen, die 'gamine', der man die Revolte eigentlich gar nicht abnimmt, mit ihren 20 Jahren zwar kein Kind mehr, aber deswegen in den Augen der Umgebung noch lange nicht erwachsen. 'Petite' ist das bei weitem häufigste Adjektiv, und es wird nicht nur von den anderen gebraucht, auch Antigone selbst bezeichnet sich so, dazu gesellt sich 'maigre', dazu kommen weiter die zahlreichen Evozierungen ihrer Kindheit. Créon versucht seinen Sohn mit den Worten 'c'est une enfant' zu trösten, und noch im Tod trägt sie die Schnüre, an denen sie sich erhängt hat, 'comme un collier d'enfant'. Interessant ist nun, daß auch Hémon im Gespräch mit seinem Vater fast kindliche Züge annimmt und an der Leiche Antigones vollends zum Kind wird, dem 'petit garçon', 'avec ses yeux d'enfant', bedeutsamer noch, daß selbst der robuste Créon in dem Augenblick, da

Antigone und er sich so nahe kommen wie nie wieder davor oder danach, in sich einen 'petit Créon maigre et pâle' erkennt; in diesem Moment ist die Gleichsetzung der ungleichen Kontrahenten perfekt. Ansonsten aber ist er der unentwegte Diener seines Staates, erfüllt von einem Pflichtgefühl, hinter dem alles andere verblassen muß, krempelt die Ärmel hoch und charakterisiert sich selbst als Arbeiter - 'office', 'ouvrage', 'besogne' und 'métier' sind die Schlüsselwörter zu seinem Selbstverständnis. Neben ihm wirkt Antigone zerbrechlich, dafür stehen Tiervergleiche - 'pigeon', 'colombe', 'mesange', 'tourte- relle' - in den Augen der Amme (natürlich gehört das Possessivprono- men zu den Kosenamen), bei der Leiche hinterläßt sie nicht mehr Spuren als ein 'passage d'oiseau', sie ist für Créon ein Spatz ('moi- neau'), 'un petit gibier pris', ist aber auch die 'sale bête', 'hyène', 'diablesse', 'furie' und 'petite peste', denn sie ist, so scheint es den anderen, verrückt, 'folle'.

Wiederum allerdings erfolgt der Umschlag: 'fou' ist auch Créon am Ende, 'fou' ist Hémon, als er verzweifelt von der Bühne stürzt, 'fou' ist der Page, das einzige wirkliche Kind im Stück, dem Créon zudem den Rat mit auf den Weg gibt: 'Il faudrait ne jamais devenir grand'. Dieses Umschlagen der ursprünglichen Verhältnisse ins Gegenteil, ein Rollen- tausch fast - plötzlich erscheint Créon als der Schwächere, der Unterlegene - wird gestützt durch zwei Bemerkungen Antigones: 'Moi, je ne suis pas le roi', antwortet sie Ismène, als diese um Verständnis für Créon wirbt; später machen sie ihr hartnäckiger Widerstand gegen Créon und dessen Flehen um Mitleid selbst zur Königin: 'moi je suis reine'. So liegt denn auch der tragische Konflikt, wenn überhaupt, in d i e s e m Stück eher auf seiten Créons.

Sind diese Wortfelder auf die Kindheit bezogen bzw. auf diejenigen, die in bestimmten Momenten wieder zu Kindern werden, so kommt ein weiteres hinzu, das geeignet ist, sie im größeren Rahmen zu situieren und ihre Verwendung zu erhellen: es ist das der Reinheit, der 'pureté'. Gleich zu Beginn gibt Antigone ihrer Sehnsucht nach dem Paradies Ausdruck: 'c'est beau un jardin qui ne pense pas encore aux hommes', die Amme betrachtet es als vordringliche Aufgabe, die Reinheit der ihr Anvertrauten zu bewahren, und Antigone erwidert auf ihre Vorhaltungen: 'Je suis pure'. In der Folge verwahrt sie sich dagegen, daß die Wachen sie berühren, selbst die Schrift des Wächters ist ihr zuwider: 'c'est trop laid, tout est trop laid', und den Brief, den sie ihm diktiert, befiehlt sie unter anderem deshalb zu vernichten, weil sie auch nach dem Tod ihre Reinheit bewahren will: 'C'est comme s'ils devaient me voir nue et me toucher quand je serai morte'. Nur das Kind ist rein, und der Kreis schließt sich: 'Je veux [. . .] que ce soit aussi beau que quand j'étais petite'. Hémon stellt einen ähnlichen Anspruch an das Leben, Créon hätte, als Kind, ebenso reagiert; für den Pagen stellt sich das Problem noch nicht - er möchte erwachsen sein."[11]

---

11   Jean Anouilh, Antigone, Stuttgart (Reclam) 1988, S. 112-114, S. 108-110.

2.5 Antigones Existenzgefühl

Bei Anouilh steht ein Wort, ein kurzer Satz, der als der eigentliche Schlüssel zur Interpretation nicht nur des anouilhschen Dramas selbst, sondern eben auch des sophokleischen erscheint und eine Reihe von Stellen in diesem verständlich werden lässt, die der Interpretation Schwierigkeiten bereitet haben oder überhaupt übergangen wurden. Bei Anouilh sagt Kreon, nachdem Antigone abgeführt ist: „Polyneikes war nur ein Vorwand." „Antigone", so fährt er fort, „war geschaffen, um tot zu sein."

Dieses Wort ist ein Schlüsselwort in doppelter Weise. Es schließt auf der einen Seite das antike Werk auf und gibt auf der andern zugleich auch die Grenze an, die zwischen dem modernen und dem antiken Stück besteht. Die Grenze aber ist bezeichnet durch die Modernisierung des Todesproblems selbst. (...)

Dies war nochmals deutlich herauszustellen, weil eben an diesem Punkte die Modernisierung Anouilhs einsetzt oder von dem Interpreten zu beobachten ist: die Erweiterung des archaisch-chthonischen Existenzgefühls der antiken Antigone, aus dem objektiv-bewusst der Todeswille erwächst, ins Unbestimmt-Unbewusstere eines Lebensgefühls, das den Tod überhaupt in sich einschließt, und zwar so, dass das Todesgefühl dominierend, existentiell wird.

Die Ableitung dieser existentiellen Erweiterung des Lebensgefühls aus der „Antigone" des Sophokles kommt in dem Drama Anouilhs nun auch stilistisch zum Ausdruck, und zwar in einer leicht parodischen Form. Modern sprechende und denkende Personen führen gleichsam das alte Stück noch einmal auf, mit der antiken Handlung und aller ihrer einer modernen Zeit nicht mehr zugehörigen Umstände. „Seht her", sagt der Prolog, der nach Shakespeare-Art auftritt, „diese Personen werden vor Ihnen die Geschichte Antigones spielen ... Antigone, das ist die kleine Magere, die da hinten sitzt ..., und sie wird ihre Rolle zu Ende spielen müssen". „Ich habe die schlechte Rolle, und du hast die gute", sagt Kreon zu Antigone, doppelsinnig im Sinne der sich vollziehenden Handlung selbst und ihres bekannten antiken Musters, nach dem sich auch die jetzige abspielen muss, will sie eine Antigone-Handlung sein, als ihre Wiederholung und Parodie.

Fassen wir zunächst die Rolle Kreons ins Auge. Das Rettungsproblem der Teiresias-Szene bei Sophokles wird sichtbar als erweiterte Form im modernen Stück, wo nun Kreon selbst von Anfang an die Möglichkeit der Rettung Antigones vor dem Tode repräsentiert. Bei Anouilh ist er ein durch und durch humaner Mensch, der gute Onkel, der der kleinen Antigone, woran er sie erinnert, die erste Puppe geschenkt hat. Der parodische Bruch seiner Persönlichkeit – schon angedeutet in der Beschreibung durch den Prolog: ein robuster Mann, der Runzeln hat und müde ist und meditiert – besteht darin, dass er den Befehl den Polyneikes betreffend gegeben hat und ihn der Öffentlichkeit wegen durchführen muss, zugleich aber ein weise skeptischer und keineswegs herrschsüchtiger Realist ist, der sowohl sein Amt wie den Entschluss Antigones absurd findet: „Ich will dich nicht wegen einer politischen Geschichte sterben lassen", so sagt er und bietet alles auf, sie zur nüchternen Besinnung zu bringen. Er selbst klärt Antigone darüber auf, was für Filous ihre Brüder waren, der eine nicht besser als der andere, und dass es sich um keinen von ihnen lohnt, dass sie das Leben für ihn und gar für seine Bestattung opfere. Diese Konzeption des Kreon bei Anouilh wirft in der Tat ein Licht zurück auf das Drama des Sophokles, nicht auf den Charakter des sophokleischen Kreon, aber auf seine Rolle und Funktion, die gerade durch den ganz anderen Charakter des modernen Kreon sichtbar werden. Was bei Sophokles nur sichtbar in dem letzten Rettungsversuch Kreons wird, breitet sich bei Anouilh zur deutlichen breit ausgeführten Funktion seiner Rolle selbst als des möglichen Retters aus – ein Teiresias kommt denn auch nicht mehr vor –, und diese Funktion ist nun dem Todeswillen der modernen Antigone gegenüber ebenso wirkungslos wie der letzte Rettungsversuch bei Sophokles.

Entsprechend dem Verhältnis des anouilhschen und sophokleischen Kreon ist nun das Verhältnis der beiden Antigonefiguren. Der entscheidende Gesichtspunkt wurde schon genannt: die Todesproblematik als gemeinsamer Grund, aber in unterschiedlicher Form. Alle Einzelheiten des modernen Stücks fügen sich unter diesem Gesichtspunkt zusammen, ebenso wie sich unter demselben Gesichtspunkt alle Einzelheiten des antiken Dramas zu einer geschlossenen Struktur zusammenfügen.

Beginnen wir mit dem bei Sophokles am schwächsten markierten Motiv, dem Lebenswillen Antigones, der sich am Ende in der Klage äussert, dass sie nie Gattin und Mutter sein werde, und über den der Todeswille siegt. Verglichen mit dieser Klage erschien es als auffallend, dass Hämon, der künftige Gatte, in ihren Gedanken keine Rolle spielt und sich eine Szene zu zweit zwischen Antigone und Hämon nicht findet. Es ist auffallend, aber, wie wir deuten zu können glauben, gerade deshalb eine Bestätigung der Schwäche des Lebenswillens gegenüber dem Todeswillen. Bei Anouilh ist nun Antigones Lebenswillen mit stärkeren Farben, aber auch in unbestimmterer, dem Mädchen selbst unverstandener Weise gestaltet. Hämon spielt hier eine Rolle auch von Antigone aus. Sie liebt ihn, der sich unvermittelt von der schönen, heiteren, weltlichen Ismene der unscheinbaren mageren, sogar hässlichen Antigone zugewandt hat. Sie wäre, sagt sie, stolz gewesen, seine Frau sein zu dürfen, und sie war nahe daran gewesen, sich ihm zu vereinigen, bevor sie starb. Sie ist getrieben, sich selbst nicht in ihrem Sein und Wollen durchdringend. Sie gibt Kreon zu, dass es absurd ist, der unbegrabenen Leiche wegen zu sterben. Als Kreon sie fragt, für wen sie die Geste des Sterbens denn eigentlich machen wolle, kann sie nichts sagen als: „Für niemand. Für mich." Es ist das entscheidende Wort, noch einmal wiederholt und bestätigt in dem letzten Brief an Hämon, den sie der Wache diktiert: „Ich weiß nicht mehr, warum ich sterbe." Es ist das Wort des unbewusst existentiellen Todeswillens, der durch Kreons Wort „Polyneikes war nur ein Vorwand" bestätigt wird und vice versa. Das Wort auch, das Sophokles' Antigone zu Ismene sagt: „Du wähltest das Leben, ich den Tod" erscheint wörtlich bei Anouilh, und

70

es wird allein hieraus deutlich, wie und worin die beiden Werke zusammenhängen. Das Clanbewusstsein ist irrelevant geworden in der modernen Sicht: es wird durch Kreons Enthüllungen über Polyneikes und Eteokles ganz eliminiert, und eben dadurch wird der Blick auf die existentielle Bedingtheit von Antigones Todeswillen frei.

Aber es gibt dennoch ein Moment in dem Existenzgefühl der anouilhschen Antigone, das der objektiv-bewussten Grundlage des Todeswillens der antiken entspricht, ja den Charakter der Unbedingtheit auch in der modernen Antigone erkennbar werden lässt. Und dieses Moment steht in demselben ambivalenten Verhältnis zum Todeswillen wie bei der antiken Figur, so dass nicht ganz auszumachen ist, welches die Ursache und welches die Folge ist. Antigone sagt ein unbedingtes „nein“, wo ihr Onkel ein bedingtes „ja“ sagt, d.h. Konzessionen an die Umstände des Lebens macht. Das Gespräch über ja und nein, das den Kern ihrer Auseinandersetzung bildet, enthält die ganze Problematik und Dialektik der Freiheit und Unfreiheit des Menschen. Kreon sagt nicht mit Unrecht, dass es leichter sei, nein als ja zu sagen. „Um ja zu sagen, muss man schwitzen und die Ärmel hochkrempeln und mit vollen Händen ins Leben hineingreifen bis zum Ellbogen. Es ist so leicht, nein zu sagen, selbst wenn man sterben muss. Man hat nichts mehr zu tun, als sich nicht mehr zu rühren und zu warten“. Hier aber liegt der empfindliche, problematische Punkt. Im Nein liegt die Freiheit von jeder Lebenspflicht, aber auch eine Unbedingtheit, die, wenn sie konsequent ist und das Leben opfert, diese Freiheit auch wieder aufhebt. Antigone will alles oder nichts – auch einen Hämon, den sie liebt, würde sie nicht mehr wollen und lieben, wenn sie ihn nicht ganz und absolut besäße, wenn er „nicht mehr erbleichen darf, wenn ich erbleiche, mich nicht mehr für tot glauben darf, wenn ich mich um fünf Minuten verspäte, sich nicht mehr allein in der Welt fühlen und mich verabscheuen darf, wenn ich lache, ohne dass er weiß warum“. Sie ist Ödipus’ Tochter und „stellt ihre Fragen bis ans Ende“, über die kleinste Chance noch der Hoffnung hinaus, „eurer lieben, eurer schmutzigen Hoffnung“, der Hoffnung etwa, noch gerettet werden zu können. Das ist in der modernen Antigone ein Grund, eine Ursache, die ihr das Leben nicht lebenswert macht; und sie entspricht der Ursache, die der antiken Antigone das Leben wertlos macht. Aber sie entspricht ihr nur, ist nicht dasselbe, weicht von ihr ab eben um den Grad des unbestimmteren Existenzgefühls, das moderne Erlebnisweise und ihre dichterische Gestaltung von antiker scheidet. Das Lebensgefühl der sophokleischen Antigone ist dem Tode zugewandt, weil die Verwandten tot sind, das der anouilhschen, weil das Leben selbst der Absolutheit ihrer Forderung nicht entspricht und sie es darum für elend erachtet wie die sophokleische Antigone das ihre. Aber wenn sie am Ende sagt, dass sie nicht mehr weiß, warum sie stirbt, so stellt sich der Sinn eines allgemeinen Lebensgefühls her, in dem es sich einfach so verhält, dass für den einen das Leben, wie für Ismene, für den andern der Tod dominierend sein kann, das eine so irrational wie das andere, und der unbestimmte Chor meint am Ende, dass es, wenn alle, die zu sterben hatten, tot sind, letztlich nicht darauf ankommt, was der eine geglaubt und was der andere, ob etwas verstanden worden ist oder nicht. Wohl wären, meint der Chor, ohne die kleine Antigone, die sterben wollte, alle ganz ruhig gewesen. Aber auch ihr Tod wird vergessen werden von denen, die noch leben und die, wie Kreon tun wird, ihren Tod erwarten oder, wie die Wache, weiter Karten spielen werden.

Zweifellos sind diese Schlussworte des modernen französischen Stücks weit entfernt von seinem antiken Muster, von Sophokles. Aber sie sind davon entfernt nicht im Sinne eines absoluten Gegensatzes, sondern als eine freilich extreme Ausformung eines hintergründigen Motivs des alten Werkes, und zwar so, dass dieses Motiv eben durch das moderne Stück ans Licht gehoben wird. Dies ist die besondere interpretierende Funktion von Anouilhs „Antigone", die ihrerseits die Antigone einer Epoche ist, die existentiell zu denken sich gewöhnt hat. Das Sein zum Tode ist eins der grundlegenden Existentialien in Heideggers „Sein und Zeit".[12]

---

12 Hamburger, a.a.O., S. 193 - 205.

2.6 Antigones Revolte

Auf die von Antigone vorgenommene rituelle Handlung steht die Todesstrafe, die Créon kraft seiner gesetzgebenden Gewalt verhängt hat. Antigone kennt diesen Sachverhalt und nimmt trotz ihrer Verwandtschaft mit Créon und dem Verlöbnis mit seinem Sohne Hémon keinerlei Sonderrücksichten für sich in Anspruch. Die Tat und ihre Folgen bilden einen unlösbaren Zusammenhang. Antigone muß sich also, indem sie Stellung zu ihrer Wahl nimmt, auch dem Problem des Todes stellen. Sie darf dieser letzten Frage nicht aus dem Wege gehen, da ihre Selbstverwirklichung andernfalls nur Stückwerk sein könnte.

Andererseits ist an der Konsequenz, mit der sie trotz ihrer Liebe zu Hémon und zum Leben ihre Todesbereitschaft bekennt und bezeugt, das Maß ihrer Selbstwerdung abzulesen. Die Absage an das von Créon vorgelebte Leben und die von ihm verkörperte Welt macht der tragischen Heldin die Existenz unmöglich; für sie ist kein Platz unter den Menschen. Auf diesen Endpunkt läuft letztlich alle Auseinandersetzung zwischen den Verwandten und Gegnern hinaus. Für Antigone ist die Bestätigung ihrer selbst eine durch den Tod nicht in Frage gestellte Realität.

Antigone kann also, und das ist nun keineswegs mehr paradox, erst im Tode voll zu sich finden. Diese Übereinstimmung zwischen der Gestalt und ihrer Rolle wird von Créon klar erkannt und als Gegenargument gegen die Bedenken des Chores ausgespielt.

Antigone gegenüber vertritt Créon den legitimen Anspruch des Menschen auf ein erreichbares *bonheur*. Das Glück besteht seiner Ansicht nach in den kleinen Freuden des Alltags und wird in seinem Wert um so mehr geschätzt, je älter der Mensch wird, je weiter er sich von den Illusionen seiner Jugend entfernt.

Die Politik, der sich Créon verschrieben hat, dient der Schaffung und Wahrung einer Ordnung, in der die Teilhabe des Menschen an diesen Gütern weitgehend gesichert ist. Auch die Mythen um Polynice und Etéocle, von Créon mehr oder minder willkürlich geschaffen, sind nur ideologischer Verputz dieses einfachen menschlichen Glücksanspruches, der in seiner unverhüllten Banalität für die Massen nicht genügend propagandistische Zugkraft enthält.

Auch für Antigone vertritt Créon den sozial realisierbaren Glücksanspruch der Menschheit. Auch sie soll sich mit dieser relativen Wahrheit und diesem fragilen Glück zufriedengeben. Aber Antigone weist Créons Ansinnen empört zurück. Der Begriff des *bonheur* erhält in ihren Worten eine völlig negative Färbung, weil sie ihn füllt mit den von ihr abgelehnten Inhalten der anderen, nicht mit ihren eigenen Vorstellungen.

Schon daran wird aber auch deutlich, daß sie nicht etwa die Glücklosigkeit liebt, sondern nach einer extremeren Form des Glückes verlangt, nach einer in der Gesellschaft nicht realisierbaren Form, die an das verlorene Paradies der Kindheit und der Menschheit erinnert.

An ihrem Verhältnis zu Hémon exemplifiziert Antigone dieses unbedingte Verlangen:

Sie sieht Hémon allein auf ihrer Seite stehen, *fidèle* sich selbst und der Geliebten gegenüber, der Welt abgewandt. Ihre Liebe ist an einen so beschaffenen Hémon gebunden, nicht an einen wandelbaren, mit der Welt paktierenden, der seinem Vater Créon immer mehr ähneln würde.

In eklatantem Gegensatz zu der Genügsamkeit, die sich in Créons stellvertretend vorgelebter Haltung offenbart, steht ihr eigener umfassender Anspruch auf ein totales Glückserlebnis. In ihm sollen die eigene Sehnsucht und die Struktur der Welt zur Deckung kommen. Antigone erkennt jedoch im Gespräch mit dem Repräsentanten der Welt, daß ihr Verlangen nicht erfüllt wird. Daher gibt es für sie nur einen Weg: den völligen Verzicht auf die Welt.

Der Tod der Antigone bedeutet somit auch die für sie vollzogene Vernichtung der Welt zugunsten des eigenen Wesens. Hémon, dem sie die Freiheit der eigenen Entscheidung voll zurückgegeben hat, durchläuft seinerseits einen analogen Prozeß: Für ihn wird die Welt zugunsten Antigones, die in seinem Dasein statt des eigenen Wesens die Motivfunktion übernimmt, auf das Maß des im Tod bestätigten Nichts reduziert. Die Tragödie der Antigone wiederholt sich also, freilich in weniger aktiver Form, an Hémon.

Die von Créon repräsentierte und geführte Gesellschaft steht im Zeichen dessen, was Antigone verächtlich als *cuisine* bezeichnet. Die *cuisine* ist das Prinzip, auf dem die innerweltliche Politik beruht. Alle *cuisine* geht letztlich auf den menschlichen Selbsterhaltungstrieb zurück.

Die Tätigkeit des Königs, des Staatschefs, besteht in der schwierigen Aufgabe, die Ordnung der Welt etwas weniger absurd zu gestalten. So wenigstens begreift Créon sein Amt. Anouilh hat den Gegenspieler der jugendlichen Antigone so glaubwürdig gestaltet, daß man ihm die Noblesse seiner Motive abnehmen muß. In den Augen der Antigone aber erscheint derselbe Créon als *cuisinier*. Für diesen scheinbaren Widerspruch gibt es eine durchaus sachliche Erklärung.

Créon steht wie ein Arbeiter immer wieder vor konkreten Problemen, die zum Wohl der Allgmeinheit gelöst werden müssen. Die Lösung läßt sich aber niemals in völliger *pureté* herbeiführen. Vielmehr ist Créon gezwungen, sich des in der Welt verfügbaren Instrumentariums zu bedienen. Dazu gehören auch Lüge, List, Gewalt und andere in sich moralisch anfechtbare Mittel. Créon verwendet sie für ein großes und lohnendes Ziel, das er nach dem Tode des Oedipus plötzlich vor sich sah.

Aber Antigones sieht nur die andere Seite, die Zugeständnisse, zu denen das politische *métier* denjenigen zwingt, der einmal sein Ja dazu gesagt hat. Mit Créon und seiner Rolle hat sie keinerlei Mitleid, weil Créon durch das anfängliche *Oui* die auch ihm zur Verfügung stehende Freiheit des Menschen mißbraucht hat.

Die wachsende moralische Schwäche, die aus der Übernahme des Amtes resultiert, steht im Gegensatz zur materiellen Macht des Herrschers. In der Gefangennahme, der Zufügung körperlichen und seelischen Leides und in der Tötung der Antigone demonstriert sich diese materielle Macht, die jedoch mit der Ohnmacht nicht nur gegenüber den Entschlüssen einer fremden Freiheit, sondern, und das ist das Verhängnisvolle, auch gegenüber eigenen Zweifeln und Sehnsüchten verbunden ist.

Antigone dagegen will keine in der Welt existenten Ziele für sich oder andere erreichen. Das macht ihre Stärke aus. Während sie von außen her als die Manipulierte erscheint, ist sie gleichzeitig im vollen Besitz ihrer inneren Freiheit. Die von ihr vorgenommene Wahl hat keinerlei Kompromisse im Gefolge. Antigone ist im Gegenteil durch die Übernahme ihrer Revolterolle von jeder Verpflichtung gegenüber der Welt befreit. Sie untersteht der einzig gültigen Instanz ihres eigenen Wesens. Mit äußerster physischer Ohnmacht geht somit ein Höchstmaß an geistiger und moralischer Macht Hand in Hand.

Bis zuletzt stehen sich ein *Oui* und ein *Non* zur Welt gegenüber, die ihren tiefsten Grund in der unterschiedlichen Menschenkonzeption der Gegner haben. Für Créon ist der Sinn des menschlichen Lebens an die Existenz gebunden, die es täglich dem Chaos mit den Mitteln der Welt abzukämpfen gilt. Die *cuisine* des politischen Betriebs erscheint ihm als ein bitterer, jedoch notwendiger Preis für das Geschenk des Lebens. Er zahlt ihn in der Haltung repräsentativer Verantwortung für die Allgemeinheit.

Antigone sieht das Wesen des Menschen unabhängig von seiner Existenz. In ihren Augen ist ein mit *cuisine* durchsetztes Dasein kein lohnender Wert, da es die Reinheit des menschlichen Wesens in Frage stellt. Antigones Vorstellungen von einem Leben, das ihrem absoluten Anspruch entgegenkäme, müssen abstrakt bleiben, denn es geht ihr ja nicht darum, eine Reform der Welt durchzuführen, sondern sich selbst in voller Lauterkeit zu bewahren. Daher weiß sie deutlich, wo sich die Grenze befindet, an der ihr *refus* stehen muß, hat jedoch kein Bild von dem Land, das jenseits dieser Grenze liegt. Lüge und Heuchelei sowie die mit ihnen paktierende Resignation erkennt sie als die Feinde einer *pureté*, die man als Verdichtung aller sittlichen

Werte auffassen darf, ohne daß eine klare inhaltliche Füllung des Begriffes möglich wäre. Antigone stehen die sprachlichen Mittel nicht zu Gebote, mit denen ein Philosoph seine Vorstellungen zu beschreiben vermöchte. Aber die sprachliche Ohnmacht ist hier nur Zeichen für einen grundlegenderen Sachverhalt. Der Weltdeutung Créons vermag Antigone keine realisierbare Gegenkonzeption entgegenzustellen. Die Begriffe, in deren Namen sie sich auflehnt, sind durch die Abstreichung aller Unvollkommenheiten von dem bestehenden Daseinszustand gebildet worden. Antigone ist nicht durch ein bestimmtes Ja charakterisiert, sondern durch das Nein, das sich der Gesellschaft und ihren Möglichkeiten verschließt. Ihre absolute Haltung weigert sich, in den Raum der Kompromisse einzutreten. Antigone kann also nicht bereit sein, mit den Mitteln der Welt für das zweifelhafte Geschenk des Lebens zu zahlen. Sie bringt hingegen den bitteren, jedoch in ihrer Situation unvermeidbaren Preis des Todes auf, der allein die Reinerhaltung ihres Wesen garantiert.[13]

---

13 Coenen-Mennemeier, a. a. O., S. 86-91, S. 96-100.

Antigone und Ismene

Ismenes Argumente:	Antigones Reaktion:
"Wir können es nicht tun. Er wird uns töten lassen." (14)	"Er muß uns töten lassen. So sind die Rollen verteilt." (14)
"Ich will nicht sterben." (14)	"Glaubst du, . . ." (14)
"Ich habe die ganze Nacht lang nachgedacht." (14)	"Manchmal darf man gar nicht so viel überlegen." (14)
"Aber ich kann auch unseren Onkel . . . verstehen." (14)	"Ich will nicht . . . verstehen." (14)
"Er ist der König . . ." (15)	"Ich bin kein König . . ." (15)
"Ich habe öfter recht als du." (15)	"Ich will gar nicht recht haben." (15)
"Er ist der König . . ." (15)	"Ich will nichts davon hören." (15)
"Wir werden leiden müssen. (. . .) Ich bin eben nicht sehr mutig." (16)	"Ich auch nicht." (16)
"Hast du denn keine Freude mehr am Leben?" (16)	"Keine Freude. (. . .) Keine Freude am Leben." (16)
"Nur von Männern verlangt man, . . ." (17)	"Allerdings . . ." (17)
"Du bist schön." (17)	"Nein, ich bin nicht schön." (17)
"alle jungen Burschen" (17)	"ein anspruchsloses Publikum" (17)
"Und Hämon?" (17)	"Ich werde . . . alles mit ihm regeln." (17)
"Du bist wahnsinnig." (17)	"Das hast du mir immer schon gesagt." (17)
"Ich darf nochmals mit dir darüber sprechen?" (17)	"Ja, gut." (17)

Antigone und Kreon

"Warum wolltest du deinen Bruder beerdigen?" (35)

"Weil ich es muß." (35)

"Du weißt, daß ich es verbot." (35)

"Es ist sein Recht, sich auszuruhen." (35)

"Er war ein Aufrührer und Verräter." (35)

"Er war mein Bruder." (35)

"Hast du die Anschläge . . . nicht gelesen?" (35)

"Doch." (35)

"Wußtest du . . .?" (35)

"Ja." (35)

"Glaubst du vielleicht . . .?" (35)

"Nein." (35)

"Du als Königstochter . . ." (35)

"Selbst (als) Dienstmädchen ..." (35)

". . . weil du von königlichem Blute . . ." (36)

"Du täuschst dich." (36)

"Der Hochmut des Ödipus." (36)

(Antigone will hinausgehen.) (37)

"Wohin willst du?" (37)

"Du weißt genau . . ." (37)

"Was spielst du nur?" (37)

"Ich spiele nicht." (37)

"Begreifst du denn nicht, . . .?" (37)

"Ich muß jetzt . . . beerdigen." (37)

"Willst du wirklich . . .?" (38)

"Aber ich muß tun, . . ." (38)

"Glaubst du denn . . .?" (38)
"Das ist ja verrückt." (38)

"Ja, es ist verrückt." (38)

"Für niemand. Für mich." (38)

"Nein; . . . meine Pflicht." (39)

"Niemand, ich mir selbst." (39)

"Das kannst du nicht." (39)

"Warum?"

"Und warum willst du ihn ausüben?" (41) "Dann hättest du eben nein sagen sollen." (41)

"Ich, ich habe nicht ja gesagt." (42) ". . . deswegen hast du Angst." (42)

"Und das heißt König sein!" (42)

"Armer Kreon!" (43)

"Ich will nicht verstehen." (44) "Ich muß nein sagen und sterben." (44)

"Nicht immer." (44)

"Ein herrlicher Traum für einen König." (44)

"Für wen denn dann?" (38)

". . . sterben?" (39)

"Deine Pflicht!" (39) "Wer hat sie dir denn auferlegt?" (39)

"Ich will dich retten." (39)

"Und wenn ich dich foltern ließe?" (40)

"Das verlangt mein Beruf." (41)

"Ich sagte ja." (42)

"Ja, gut. Ich habe Angst." (42)

"Ja, so ist es." (43)

"Dann hab Mitleid mit mir." (43) "Verstehst du das?" (44)

"Nein sagen ist oft leicht." (44)

"Nein sagen ist leicht." (44)

"Doch ich werde euer Glück schaffen." (44)

"Dann beeile dich, Kreon!" (44)

". . . welche schmutzige Geschichte . . ." (45)

"Was für eine Geschichte?" (45)

"Die von deinen Brüdern." (45)

"Das ist nicht wahr!" (46)

"(. . .)" (47)

"Das ist nicht wahr." (47)

"Erinnerst du dich . . .?" (47)

"Ja, das ist wahr." (47)

"(. . .)" (47-48)

"Warum hast du mir das alles erzählt?" (48)

"Was wirst du jetzt tun?" (48)

"Ich gehe auf mein Zimmer." (48)

". . . nur ein bißchen Glück." (49)

"Glück." (49)

"Ein armseliges Wort." (49)

"Ihr seid häßlich." (51)

2.7   Wort- und Sacherklärungen[14]

7   <u>neutral:</u> ohne Beziehung zur Antike; auch das Kostüm der Schauspieler ist modern

<u>Sprecher:</u> gekleidet wie ein Mann aus dem Zuschauerraum, im Straßenanzug. Er soll von vornherein die Illusion zerstören, daß es sich um eine antike Tragödie handele. Bereits durch seinen Monolog sollen die Zuschauer davon überzeugt werden, daß die Personen Anouilhs Männer und Frauen unserer Zeit sind.

<u>die Geschichte der Antigone:</u> Vgl. Kapitel 2.1: Der antike Mythos.

<u>in der Familie:</u> gemeint sind die verwandtschaftlichen Beziehungen in der Tragödie des Sophokles

<u>Aber man kann ihr nicht helfen:</u> Hier spiegelt sich die Grundidee des Tragischen bei Anouilh wider: Für ihn besteht das Tragische in dem uralten Gegensatz zwischen dem Individuum und den von ihm geschaffenen Institutionen (Familie, Gesellschaft, Staat). Im Kampf zwischen diesem Individuum und den unmenschlich, ja sogar übermächtig gewordenen Einrichtungen kann der Sieg nur im tragischen Untergang des Individuums bestehen, das so innerlich frei wird.

8   <u>Er weiß ja nicht, . . . :</u> Diese Voraussage des Endes der Handlung soll ein spannungsförderndes Mittel des Dichters sein.

<u>Theben:</u> in der Antike größte Stadt der griechischen Landschaft Böotien („Stadt der sieben Tore", Homer)

<u>krempelte die Ärmel auf:</u> Kreon betrachtet sein königliches Amt wie einen handwerklichen Beruf

<u>erwarten ihn neue Aufgaben:</u> Kreon wird als Herrscher gezeigt, der rücksichtslos die Staatsinteressen vertritt. - Während des II. Weltkriegs sah man in ihm den Helden des Stückes, weil man ihn

---

14   Die Seitenzahlen beziehen sich auf die deutsche Taschenbuchausgabe der "Antigone" im Verlag Langen Müller (München).

irrtümlich für einen Vertreter des „Führerprinzips" hielt. In Wahrheit ist das Stück jedoch eine Kampfansage gegen den unmenschlichen und übermächtigen Totalitarismus.

Die drei Männer, . . .: Gefolgsleute des Totalitarismus, Vertreter des blinden Gehorsams

10 Postkarte: einer der zahlreichen, bewußten Anachronismen dieses Textes (vgl. oben Anm. zu S. 7)

12 deiner Mutter . . .: Jokaste hatte sich erhängt, als sie das Geheimnis des Ödipus erfuhr.

wenn ich zu ihr hinaufkomme: Die Toten kommen hier nicht - wie in der Antike - in die Unterwelt, sondern nach „oben", d. h. in den Himmel.

13 Kaffee: Anachronismus (s. o.)

27 Opposition: hier im politischen Sinne: die - eigentlich vernichtet geglaubte - Oppositionspartei

Partei: im französischen Original mit bestimmtem Artikel (le parti) als Anspielung auf den totalitären Einparteienstaat

verlängert: genauer: „verdoppelt" (Französisch: doublé)

28 Sprecher: (Im Französischen: le chœur): Im antiken Drama vertritt er die Stimme des Volkes gegenüber den Trägern der Handlung und wohnt gewissermaßen als ideales Publikum zwischen Bühne und Zuschauerraum der Handlung bei. Bei Anouilh wird er von demselben Schauspieler gesprochen, der auch als Prolog auftrat.

29 Drama: Der Chor hat bisher die charakteristischen Merkmale der Tragödie aufgedeckt und beginnt nun ebenso mit dem Drama: In der klassischen Tragödie ist alles einfach von der Notwendigkeit bestimmt, während im modernen Drama die Handlung nicht vorher zu übersehen ist; sie kann durch Bosheit oder Güte der handelnden Menschen geändert werden, so daß neben der Furcht auch die Hoffnung, neben dem Mörder auch der Lebensretter steht.

36 <u>Man kratzt sich . . .:</u> wie es Ödipus (bei Sophokles) als Sühne für die unwissentlich begangene Schuld tut.

<u>Beruf:</u> Vgl. Anm. zu S. 8

<u>Wahrsager:</u> Anspielung auf den Boten in der „Antigone" des Sophokles, der Ödipus den Orakelspruch und seine gräßliche Erfüllung mitteilt und so die tragische Lösung herbeiführt.

37 <u>Tante:</u> Eurydike, Kreons Frau

38 <u>Glaubensformel:</u> Kreon hält die religiöse Bestattungsfeier für eine leere Form

42 <u>Tyrann:</u> heute: Gewaltherrscher (im Altertum: Herrscher, der nicht durch Erbfolge oder Wahl zur Macht gelangt ist; er kann somit sowohl gut als auch böse sein.)

43 <u>etwas Namenloses:</u> Für Kreon ist die Masse ein namenloses Etwas

44 <u>Ich muß nein sagen:</u> Hiermit ist Antigones Charakter auf die kürzeste Formel gebracht. Sie ist die Hüterin der Humanität und die nonkonformistische Kämpferin gegen Kreon, der den Staatstotalitarismus vertritt und um der Staatsräson willen auf die sittlichen Werte verzichtet.

50 <u>Herr Hämon:</u> Antigone meint: Wenn Hämon einmal ein „Herr Hämon" nach der Prägung von Kreons Vorbild geworden sein sollte, d. h. ein ganz gewöhnlicher Alltagsmensch

<u>Sie lacht:</u> Antigone lacht und duzt Kreon plötzlich, weil sie ihn sich als Knaben vorstellt, der für sie nicht mehr der König ist, sondern ein Mitglied der Familie und dabei doch ein recht armer Mensch.

59 <u>Hades:</u> (Gott der) Unterwelt. Hiermit ist aber keine mythologische Anspielung gemeint; vielmehr will der Dichter dadurch die ganze stupide Gefühlsroheit des Wachmanns unterstreichen, der sich angesichts der zum Tode Verurteilten in aller Seelenruhe seinen

Kautabak dreht und jeden, auch den scheußlichsten Befehl mit Seelenruhe und sogar mit einem befriedigten Bewußtsein erfüllter Pflicht ausführt, ohne nachzudenken.

2.8 „Antigone" in der deutschen Übersetzung

Im folgenden sollen für den Leser, der die französische Sprache zumindest passiv weitgehend beherrscht, exemplarisch einige Probleme im Zusammenhang mit der bei Langen Müller (München) erschienenen Übersetzung des Anouilh-Textes erörtert werden. Die in Klammern gesetzten Zahlen verweisen auf die Seiten der deutschen Taschenbuchausgabe.

Häufig ist die Übersetzung nicht genau genug (wie bei den Wort- und Sacherläuterungen schon zu erkennen war):

(8) „erwarten ihn neue Aufgaben" für „des problèmes précis se posent qu'il faut résoudre".

(8) „Kreon ist allein mit seinem Pagen.": „Créon est seul. Seul avec son petit page."

(9) „irgendeines neuen Chefs von Theben": „"un nouveau chef de Thèbes dûment mandaté": d. h. eigentlich etwa: „ordnungsgemäß eingesetzt / der ein Recht auf die Thronfolge hat".

(9) „Augenblicklich dienen sie Kreon." Mit dieser Übersetzung geht die nahezu wortgetreue Wiederaufnahme des Satzteils „Ce sont les auxiliaires . . . de la justice" - jetzt ergänzt um „de Créon" - verloren.

(10) „Ich betrachtete ihn, ohne daß er es merkte.": „Je l'ai surpris, nourrice. Je l'ai vu sans qu'il s'en doute." Das erste Verb (surprendre) wird gar nicht übersetzt, und das zweite Verb (voir) wird - übersetzt! - durch regarder ausgetauscht.

Häufig werden persönliche Bezüge neutralisiert:

(10) „. . . und fand sie offen" für „tu l'avais laissée entrebâilleé"; oder auch: „. . . und schlich mich unbemerkt über die Felder". Dem Leser der Übersetzung wird - ungewollt - suggeriert, daß Antigone von niemandem gesehen wurde. Aber Antigones kindliche Sprache vermenschlicht die Natur (s. o.: „Der Garten schlief noch."), so daß die oben zitierte Stelle im Original „sans qu'elle s'en aperçoive" heißt; und „elle" ist hier „la campagne".

(10) „wenn man . . . als erste draußen ist": „d'être la première fille dehors".

(11) „nur Augen für Ismene": „ne verront qu' Ismène avec ses bouclettes et ses rubans".

(11) „wie ein altes Möbel": „comme une vieille bête".

(12) „Zu dumm bist du, auf sie aufzupassen.": „Vieille bête, oui, vieille bête, qui n'as pas su me la garder pure, ma petite." In der deutschen Übersetzung fehlen die Redundanzen („vieille bête / vieille bête" und „la" für „ma petite"), der Zentralbegriff der Reinheit, die persönlichen Beziehungen („me" / „ma") und der Gegensatz zwischen „dumm" und „alt" auf der einen und „rein" und „klein" auf der anderen Seite. Dadurch wird die Übersetzung flacher, sachlicher, farbloser als das Original.

(12) „damit sie sich nicht erkältet": „pour qu'elles ne prennent pas froid." Anouilh denkt hier nicht nur an eine Antigone, sondern an alle Kinder (Mädchen), die die Amme aufgezogen hat; er schließt also Ismene, Antigones Schwester, mit ein.

(12) „aber dich hatte ich doch lieber": „mais je croyais que c'était toi qui m'aimais."

(13) „Ich bin nicht schlecht.": „Je suis pure."

(14) „Er wird uns töten lassen.": „Il nous ferait mourir." Der unausgesprochene Bedingungssatz („Si nous le faisions . . .") erfordert im Hauptsatz das Konditional „ferait"; insofern wäre „Er würde uns

töten lassen" die adäquate Übersetzung. Ansonsten hätte Anouilh „Il nous fera mourir" schreiben können.

Der Leser wird wohl kaum daran zweifeln, daß diese oder ähnliche Beispiele für eine höchst kritisch zu betrachtende und zu bewertende Übersetzung bis zum Ende des Stückes fortgesetzt werden können. Deshalb sollen nur noch einige Stellen als Belege dafür zitiert werden:

(16) „Dann handle danach.": „Sers-toi de ces prétextes."

(17) „Ich werde mit Hämon sprechen und alles mit ihm regeln.": „Je parlerai tout à l'heure à Hémon: Hémon sera tout à l'heure une affaire réglée."

(23) „Versprich es mir." Im Französischen heißt es viel nachdrücklicher: „Jure-le-moi." („jurer": „schwören"). Dadurch, daß im weiteren Verlauf des Dialogs zwischen Antigone und Hämon „jurer" jeweils mit „schwören" übersetzt wird, entsteht im nachhinein der Eindruck einer von Antigone bewußt so angelegten Steigerung (vom „versprechen" zum „schwören"). Dies entspricht aber nicht dem französischen Originaltext!

(32) „Ich habe euch doch befohlen . . . dürft.": „Je t'avais dit de la renvoyer! Je t'avais dit de ne rien dire." Das französische Original ist viel knapper und prägnanter als die deutsche Übersetzung; es entspricht damit eher der Befehlssprache Kreons gegenüber seinen Untergebenen.

(36) „ein schmutziger Wahrsager": „un messager crasseux" (Ein „messager" ist schlicht und einfach ein „Bote". In der deutschen Übersetzung heißt er an anderer Stelle - S. 8, S. 61 - sinnvollerweise auch so.).

(38) „diese unsinnige Tat": „ce geste absurde"

(38) „Das ist ja verrückt! Ja, es ist verrückt.": „C'est absurde! Oui, c'est absurde." Die Übersetzung von „absurde" durch „verrückt" bzw. „unsinnig" läßt die naheliegenden Parallelen Anouilhs zu Camus („Der Fremde", „Der Mythos von Sisyphos") nicht mehr erken-

nen. Die „Absurdität" ist für das Geistesleben der 40er Jahre, für eine ganz bestimmte philosophische Bewegung (Existentialismus) ein solch zentraler Begriff, daß er in jeder Übersetzung klar zum Vorschein kommen muß. Mit „absurd" verbinden sich eben andere, nämlich zentralere Begriffe und Konzeptionen als mit „verrückt" und „unsinnig". Dies wird besonders deutlich an der Stelle, an der Kreon seine Aufgabe definiert: „die Weltordnung hier etwas vernünftiger zu gestalten" („à rendre l'ordre de ce monde un peu moins absurde."). Hier wird man ganz unmittelbar an die Absurdität erinnert, wie sie in Camus' „Sisyphos" definiert und von Meursault im „Fremden" gelebt wird. Die Ordnung „dieser" Welt (im Deutschen wiedergegeben durch: die Weltordnung „hier") zeigt eindeutig das Ergebnis eines jahrhundertelangen Säkularisierungsprozesses, an dessen Ende Götter in der Welt des Menschen nichts mehr zu suchen haben. Deshalb sind - ganz im Sinne Sartres - die Menschen völlig auf sich alleine gestellt und nur noch für sich selbst verantwortlich. Dabei müssen die, die besondere Verantwortung tragen (wie hier Kreon), sich gelegentlich die Hände schmutzig machen (vgl. Sartre: „Die schmutzigen Hände"; Camus: „Die Gerechten"). Nur so ist es nach dieser Philosophie möglich, dem „Leben einen Sinn zu geben" (Saint-Exupéry). Auf diese Weise kann man, wie Kreon es sieht, versuchen, seinem irdischen Glück nachzugehen, das in diametralem Gegensatz zu anderen Glücks-Konzeptionen stehen kann, wie Antigones Reinheitsideal und Absolutheitsanspruch zeigen. Auch für den Arzt Rieux in Camus' „Pest" geht es um den Sinn und die Ordnung dieser Welt, die er - konkret, in tätiger Nächstenliebe und bis zur Selbstaufgabe - zu erkennen bzw. herzustellen (und zu wahren) versucht. Er könnte - ohne Kreon zu werden - wie dieser seine Rolle wie folgt umschreiben: „à rendre l'ordre ce ce monde un peu moins absurde".

3. ASPEKTE ZUR DISKUSSION – STIMMEN DER KRITIK

3.1 Antigones Wahrheitssuche

Nun ist in einem Anouilh-Stück die Zentralgestalt immer jene, die „nein" sagt, die dem Leben widerspricht; Kreons Nichte „Antigone", Therese in „Die Wilde", Jeanne d'Arc in „Jeanne oder Die Lerche" und Eurydike in "Eurydike". Sie alle sind im Grunde die gleiche Heldin, deren Reinheit des Seins und Reinheit des Wollens von einer korrupten Verwandtschaft, durch gesellschaftlichen Druck oder durch Familienerinnerungen und gesellschaftliche Verstrickungen beschmutzt werden. Selbst wenn die Heldin völlig unschuldig ist, kann sie nicht leben wegen irgendwelcher Dinge, die andere von ihr sagen. Anouilh läßt seine dramatische Handlung um den grausamen Unterschied zwischen dem kreisen, was eine Tat für seine Gestalt und was sie für die anderen ist, die sie beobachten und richten und sich konsequent weigern, an ihre Unschuld zu glauben. Eine menschliche Handlung kann zwei völlig entgegengesetzte Interpretationen hervorrufen. Anouilhs Pessimismus zeigt sich darin, daß er bereit ist, diesen beiden Interpretationen genau die gleiche Realität zuzubilligen. Das Individuum wird durch seine Welt, seine Familie, die Gesellschaft und seine Freunde verhängnisvoll gefährdet. In mehreren seiner Stücke, zum Beispiel im „Armen Bitos" und in der „Einladung ins Schloß", schreibt Anouilh dem Geld eine fast mystische Kraft zu. Er scheint das Geld geradezu für den entscheidenden Faktor in der Entwicklung des menschlichen Schicksals zu halten. Armut und Reichtum sind gleich mächtige Einflüsse. Besonders in diesem Punkt haben sowohl marxistische wie christliche Denker Anouilhs Psychologie heftig angegriffen.

Anders als Giraudoux und Montherlant hat Anouilh keine Theorie über seine Stücke veröffentlicht; keinerlei dialektische Einführung läßt sich den Texten selbst gegenüberstellen. Darüber hinaus ist Anouilh niemals eine populäre Persönlichkeit gewesen. Er hat über sich und sein Leben äußerste Verschwiegenheit bewahrt. Er wurde 1910 in Bordeaux geboren. Als Student besuchte er das Collège Chaptal in Paris. Doch schon mit neunzehn Jahren wurde er von Jouvet als Sekretär der Comédie des Champs-Elysées angestellt, wo er anderthalb Jahre blieb und darauf zum Militärdienst einrückte. Danach studierte er Jura und arbeitete kurze Zeit in einer Reklamefirma. Sein erstes Stück „Hermelin" wurde 1932 aufgeführt. Seitdem hat er ausschließlich davon gelebt, für die Bühne - und gelegentlich für den Film - zu schreiben.

Bis 1959 hatte Anouilh über zwanzig Dramen geschrieben und aufgeführt. Die Unveränderlichkeit des Themas in diesen Stücken verleiht seinem Werk, im ganzen genommen, Charakter und Kraft einer Ideologie. Er stellt immer zwei Verhaltensweisen einander gegenüber, die am besten durch Antigone und Kreon veranschaulicht werden. Antigones Haltung ist die starre Ablehnung jeder Art von Glück, das durch Kompromiß oder Unreinheit beeinträchtigt würde. Gewöhnlich wird das Stück von einem einzigen Helden beherrscht, wie etwa Antigone, deren reine Absichten die Häßlichkeit der Welt offenbar machen. „Ohne die kleine Antigone wärt ihr alle glücklicher gewesen", bemerkt eine der Figuren.

Wie Molières Dramen beschäftigen sich auch die von Anouilh gewöhnlich mit einer Familie. Die Wirklichkeit, die in dem Stück entwickelt wird, ist die erzwungene Heuchelei, die eine solche Gruppe vertritt. Die Haupthandlung ist fast immer die Vernichtung der Reinheit des Helden oder der Heldin. Doch rein sein heißt bei Anouilh, keine Vergangenheit haben; und da das unmöglich ist, sind selbst die Reinsten - eine Antigone, eine Jeanne d'Arc, eine Therese - zum Untergang bestimmt.

Die beiden größten Erfolge Anouilhs waren „Antigone" und „Jeanne oder Die Lerche". Schon „Antigone" erreichte allein in Paris über tausend Aufführungen, und einige der Szenen werden jetzt regelmäßig von jungen Schauspielerinnen zum Probespiel benutzt. „Jeanne oder Die Lerche", ein sehr viel späteres Stück, hatte über dreihundert Vorstellungen.

Die Geschichte der Antigone ist eine der drei oder vier klassischen tragischen Situationen. Das Opfer ist nicht verantwortlich für die Tragik, die ihm zustößt. Das Stück ist ein Ärgernis für das moralische Urteil der Zuschauer. Anouilhs Behandlung des Antigone-Stoffes verzichtet auf jedes Eingreifen der Götter. Der Autor gibt keinerlei religiöse Interpretation des Schicksals der Heldin. Das bedeutet, daß Anouilhs Auffassung von der Tragödie sich von der des Sophokles ebensoweit entfernt wie von der Claudels.

Doch in Anouilhs Fassung ist Antigones Schicksal von Anfang an bekannt. Zu Beginn der dramatischen Handlung ist sie sich ihres Schicksals und der Sinnlosigkeit, sich dagegen aufzulehnen, völlig bewußt. In dieser Hinsicht steht Anouilhs Auffassung von der Tragödie im Gegensatz zur Sartreschen oder existentialistischen, die sich auf den Glauben an die Freiheit der Wahl des Individuums gründet.

Die Gestalt der Antigone, wie Anouilh sie zeichnet, ist so sehr von Pessimismus und schwieriger Eigenwilligkeit erfüllt, daß dies allein schon eine ausreichende Erklärung für ihr Schicksal sein könnte. Zu Beginn des Kampfes zwischen ihr und Kreon scheint alles von vornherein geklärt zu sein, und sie kann vor ihrem Oheim mit den Worten spotten: „Ich wußte sehr wohl, daß du mich töten lassen mußt." Als Kreon sie geradeheraus fragt, um wessentwillen sie ungehorsam war und versuchte, die Leiche ihres Bruders zu begraben, erwidert sie: „Für niemand. Für mich." Mit diesen bitteren Worten entfernt sie sich weit von der sophokleischen Antigone. Die französische Heldin weist die Hoffnung von sich („le sale espoir"). Dieses Thema wird vom Chorsprecher wiederholt, der die Tragödie als etwas Ruhevolles und Sauberes bezeichnet, weil ihr alle Elemente der Hoffnung genommen sind: „C'est propre, la tragédie, c'est reposant, parce qu'on sait qu'il n'y a plus d'espoir . . ." Im Gegensatz zu Antigone ist Kreon der Politiker, dem es um die Herbeiführung und Aufrechterhaltung der Ordnung geht. Anouilhs Kreon täuscht sich über die Dummheit seines Edikts, doch es ist gut genug für den Pöbel. Um jeden Preis will er Skandal vermeiden und den Frieden im Staat sichern. Er ist ohne Furcht, empfindet bisweilen Zuneigung und zeigt menschliche Wärme. Der Typ des Menschen, den er seiner Natur nach nicht dulden kann, ist die anarchistische Antigone. Sie ist in ihrer Wahrheitssuche ebenso unbeugsam wie Kreon in seiner Wahrung des Gesetzes. Die Tragödie des Sophokles stellt zwei starke Individuen dar, besonders jedoch einen Konflikt im Bereich des Metaphysischen, nämlich den zwischen dem System einer praktischen Staatsordnung und der Wahrheit eines ewigen Gesetzes. Die Tragödie Jean Anouilhs stellt ebenfalls zwei starke Individuen dar, besonders jedoch einen Konflikt zweier Temperamente, einen Zusammenstoß psychologischer Natur zwischen einem Mann und einer Frau. Beinah mehr noch als den Kampf zwischen Ordnung und Wahrheit finden wir in Anouilhs Stück die Auswirkungen von Antigones und Kreons entsetzlicher Einsamkeit.

An einer Stelle des Stücks, als Antigone ihr Wesen definiert, definiert sie damit gleichzeitig den wesentlichen Zug von Anouilhs Gestalten und eine strenge psychologische Haltung, die tatsächlich in einem großen Teil der heutigen französischen Literatur sichtbar wird. Antigone behauptet, ein Mensch zu sein, der Fragen stellt bis zum letzten: „Nous sommes de ceux qui posent les questions jusqu'au bout . . ." Es findet sich nicht leicht eine menschliche Antwort auf die Fragen, die Anouilhs Gestalten stellen - und das gilt ebenso für die Gestalten von Julien Green, Mauriac und Bernanos. Diese Gestalten haben das gemein, daß sie in außergewöhnliche Situationen und vor schwere moralische Prüfungen gestellt sind, in denen sie unbarmherzig enthüllt und zur Schau gestellt werden. Der sittliche Kampf, den sie in ihrem Innern führen, zeigt die Verderbnis der Welt um sie her. Anouilhs „Antigone" unterstrich mit ebensoviel Kraft und Präzision wie „Der Fremde" von Camus und Sartres „Fliegen" das neue französische

Bewußtsein für die Begriffe Freiheit und Verantwortung in den frühen vierziger Jahren. Diese drei Werke drücken vielleicht am klarsten das sittliche Wagnis der Menschen aus, das sich in einer als „absurd" bezeichneten Welt des Krieges, der Deportationen und unter fremder Besatzung vollzieht.[15]

3.2   Antigones Absolutheitsanspruch

Der Handlungsablauf des antiken Stoffes wird von Anouilh nicht verändert: Eteokles und Polyneikes, die Söhne des Ödipus, sind im Kampf gegeneinander gefallen - der eine als Verteidiger seiner Vaterstadt Theben, der andere als Rebell gegen sie. Für den einen ist von Kreon, dem König Thebens, ein Staatsbegräbnis angeordnet worden; die Leiche des andern bleibt, zum Zeichen der rächenden Staatsgewalt, unbeerdigt liegen. Antigone, die jüngere Schwester, schleicht sich nachts zur Leiche des Polyneikes und bedeckt sie, dem Begräbnisritus gemäß, mit Erde – obwohl Kreon das bei Todesstrafe verboten hat. Die Wächter, die Kreon bei der Leiche aufgestellt hat, entdecken die Erde auf dem Körper und legen ihn wieder frei; beim zweiten Versuch, den Bruder zu beerdigen, wird Antigone von den Wächtern gefaßt und vor Kreon geführt. Sie bekennt sich zu ihrer Tat - in einer langen Auseinandersetzung mit ihrem Onkel Kreon weigert sie sich, ihr Tun zu verschweigen, die Richtigkeit der Maßnahme Kreons anzuerkennen. Kreon verurteilt sie zum Tode, obwohl sein Sohn Hämon, Antigones Verlobter, ihn um Gnade bittet. Antigone wird lebendig in ihr Grab vor der Stadt eingemauert - sie erhängt sich mit ihrem Gürtel; an ihrer Leiche tötet sich Hämon. Als Eurydike, die Frau des Kreon, vom Tode ihres Sohnes erfährt, nimmt auch sie sich das Leben. Kreon bleibt allein zurück.

---

15   Fowlie, a. a. O., S. 106-109.

Die Fabel stimmt also mit der des Sophokles überein - aber Anouilh verändert die Atmosphäre des Stückes und, vor allem, die Prinzipien, die sich im Streit Kreon-Antigone gegenüberstehen. Anouilh tut alles, um die Tragödie zu privatisieren, im Rahmen einer Familiengeschichte ablaufen zu lassen; die Sprache ist die des täglichen Umgangs, durchsetzt mit politischem und - bei den Wächtern - militärischem Fachjargon. Die Gestalten treten in modernen Alltagskleidern auf. Der Chor ist durch einen Sprecher ersetzt, der plaudernd die Vorgeschichte berichtet und bisweilen mit wissender Skepsis das Geschehen kommentiert. (Die Spielleitergestalt, inkonsequent durchgeführt und nicht eigentlich die Struktur des Theaterstückes bestimmend, erscheint als oberflächlich-modischer Abklatsch der gleichen Figur aus Wilders „Unsere kleine Stadt", das 1938 entstand, vier Jahre vor der "Antigone".) Das Familiäre, Alltägliche wird im übrigen dadurch unterstrichen, daß Anouilh die privaten Eigenarten der Gestalten betont: Kreon ist der homme de lettres, der sich mit alten Büchern beschäftigt, bis ihn die Umstände an die Macht rufen - der aus Verantwortungsgefühl, nicht aus Machtgier König wird, um nach den Wirren und Greueln des Ödipusregimes für Frieden zu sorgen. Antigone ist das kleine, wilde, unfolgsame Mädchen, mit den strubbeligen Haaren und der unordentlichen Kleidung, das sich immer aufgelehnt hat gegen die Erwachsenen. Ismene, ihre schicke Schwester, ist ein lebenslustiger Teenager. Und Hämon, der sportliche junge Mann, fühlte sich zunächst viel mehr zu Ismene gezogen, doch *eines Abends auf einem Ball, nachdem er nur mit Ismene getanzt hatte - sie hatte bezaubernd ausgesehen in ihrem neuen Kleid -, da ging er zu Antigone, die in einer Ecke saß, ihre Arme um die Knie geschlungen. Hämon bat sie, seine Frau zu werden. Keiner konnte jemals begreifen, warum er das getan hatte. Antigone blickte mit ihren ernsten Augen ohne Überraschung zu ihm auf und sagte: „Ja"* - mit einem kleinen traurigen Lächeln . . . Eteokles und Polyneikes erscheinen in den Erzählungen der Schwester bzw. Kreons als arrogante, halbstarke Burschen. Die Wächter schließlich sind Kommißköppe, die über Karriere und Sold, Weiber und Wein schwatzen.

Zudem fügt Anouilh einige Szenen in die alte Fabel ein, um den privaten Hintergrund auch szenisch sichtbar zu machen: da taucht die alte Amme auf, die sich um die kleine *verrückte* Antigone kümmert (ihre Tat wird auf der Bühne zum ersten Mal dadurch anschaulich, daß die Amme Antigone erwischt und ausschimpft, als sie am frühen Morgen nach Hause kommt). Und mit Hämon hat Antigone eine Liebesszene, in der sich, wie so oft bei Anouilh, die ungestüme Kraft der Liebe darin äußert, daß sie sich nicht verwirklichen kann: Antigone sagt Hämon, daß sie am Abend zuvor seine Geliebte werden wollte, dann aber aus einem kleinen Streit davonlief; sie sagt ihm, daß sie ihn liebt - und ihn dennoch nie heiraten wird; daß sie davon träumt, mit ihm einen kleinen Sohn zu haben - und daß dieser Sohn nie geboren werden wird. Und sie beschwört ihn: *Geh bitte, Hämon, das ist das einzige, was du für mich tun kannst, wenn du mich lieb hast.* Hämon *gehorcht vor Verzweiflung,* und sie sagt *seltsam beruhigt: So, Hämon hat es hinter sich.* Dann erst folgt die große Auseinandersetzung zwischen Antigone und Kreon.

Die Entstehungszeit des Stückes (1942), Antigones Auflehnung gegen Kreon, vor allem ihre „Widerstands"-Maxime: *Ich muß nein sagen und sterben* haben viele Interpreten dazu geführt, das Drama als Résistance-Stück zu verstehen. Umgekehrt glaubten andere, aus der sympathischen Zeichnung der kompromißbereiten politischen Haltung des Kreon eine Rechtfertigung der Kollaborateure des Vichy-Regimes herauslesen zu können - und sie haben Anouilh deswegen nach dem Krieg scharf angegriffen (zumal das Stück im okkupierten Paris 1944 uraufgeführt werden konnte).

Zu diesem Mißverständnis zwei kompetente Kommentare. Jean-Paul Sartre: „Man hat Anouilh beschuldigt, er habe für die Faschisten Partei genommen, weil er den Kreon so liebenswürdig gezeichnet habe; tatsächlich aber sind seine Sympathien bei Antigone und ihrem Selbstmord."

Und Anouilh selbst nahm in einem Interview mit Trut Maren Jaquemar dazu Stellung. Sie berichtet darüber in der „Zeit" vom 4.11.1946:

„Anouilh versichert mit Nachdruck, daß er nicht im geringsten an den Machtkampf zwischen Vichy und dem Maquis gedacht habe. Züge Lavals in den Kreon hineinzugeheimnissen - wie viele es wollten - sei spitzfindig, und gar in der ganz unpolitischen, schwachen, kleinen Antigone den Geist des lebensstarken, mit den Waffen der Diplomatie wie der Technik kämpfenden Maquis zu suchen, sei erst recht abwegig. "Sozial" sei dieses Stück auch nur insoweit, als die Personen keine Privatleute, sondern Angehörige eines Herrscherhauses darstellen und ihre Handlungen notwendig eine entsprechende Wirkung auf das Staatsleben ausüben."

Antigone ist keine politische Heldin. Denn im Verlauf der Diskussion mit Kreon ist Antigone dazu gezwungen, auf die politische Argumentation zu verzichten. Kreon sind von Anouilh die eindeutig besseren politischen Argumente gegeben: er ist nicht nur kein Tyrann, sondern ein realistisch-humaner Politiker, er weiß um die Fragwürdigkeit seines Handelns: *Mach dich nur lustig! Trotzdem werde ich weiter an eurem Glück arbeiten, selbst wenn ihr es nicht wollt. Es ist schwer, und manchmal erscheint es euch gemein. Und wie oft stürzt alles wieder zusammen - dann heißt es von neuem beginnen. Und kein Mensch hilft dabei. Doch ich werde euer Glück schaffen, trotz eures Hasses - ich werde es.*

Und er begründet sein Verbot, Polyneikes zu bestatten, nicht etwa mit dem Anspruch, daß das Wort des Königs absolutes Gebot sein müsse, sondern damit, daß er durch diese drastische Maßnahme die Bürger vor Aufruhr abschrecken will - einem Aufruhr, den er nicht fürchtet, weil er sich gegen seine Herrschaft richten könnte, sondern weil er das Volk vor den Greueln des Bürgerkrieges bewahren will. Alle diese Argumente muß Antigone mehr oder weniger widerspruchslos hinnehmen.

Aber Antigone verteidigt auch nicht etwa eine mythisch-religiös begründete Ordnung gegen einen aufgeklärten Staatsrationalismus. Kreon macht ihr die farcenhafte Verlogenheit des Begräbnisritus klar: *Hast du schon einmal die Priester von Theben ihre Glaubensformel heruntermurmeln hören? Wenn nun in dem Sarg ein Mensch läge, der dir sehr teuer ist, würdest du ihnen da nicht ins Gesicht schreien, daß sie still sein und sich aus dem Staub machen sollten?* Und sie antwortet: *Doch, das ist gut möglich.*

Auch die humane Begründung der Bruderliebe wird Antigone von Kreon widerlegt: Eteokles und Polyneikes waren einer wie der andere gemeine Gauner, die ihrem Vater aus Machtgier nach dem Leben trachteten - und die beide, der eine von außen und offen, der andere heimlich und von innen, die Tyrannenherrschaft über Theben anstrebten. Aber das Staatsbegräbnis war aus politischen Gründen notwendig. Kreon: *Ich konnte den Leuten leider nicht sagen, daß auf beiden Seiten ein Schweinehund war.* - Keiner von beiden war der schwesterlichen Liebe wert, wie keiner der Verehrung durch den Staat wert war. Im übrigen ist gar nicht sicher, ob der verwesende Leichnam der des Polyneikes ist, denn die Leichen waren durch das Gemetzel so entstellt, daß Kreon einfach den *am besten erhaltenen Körper* für das Staatsbegräbnis mitnehmen ließ. - Kreon hat recht - wo immer es um politische, moralische, menschliche, religiöse Argumentation geht. Antigone ist kurz vor dem Ende des Disputs mit Kreon bereit, aufzugeben: *Ich gehe auf mein Zimmer,* und sie gesteht Hämon am Schluß in einem Brief, den sie dem Wachmann, der sie zur Hinrichtung führen wird, diktiert: *Ich weiß nicht mehr, wofür ich sterbe.*

Trotzdem ist Antigone die Heldin des Stückes - weil sie ein einziges Argument ist (nicht hat), gegen das Kreon nichts ausrichten kann. Antigone ist rein und unschuldig, von kindlicher Absolutheit und Unbedingtheit in ihrem Fühlen und ihrem Handeln. Das, wogegen sie rebelliert, ist das *Leben,* ist das *Glück.* Kreon bemüht sich verzweifelt, sie zum Leben zu überreden - und er verspielt seinen Sieg in dem Augenblick, da er Antigone, die schon aufgeben wollte, erinnert: *Dein ganzes Leben liegt noch vor dir.* Daraufhin bricht Antigone los und schreit ihm ihre Verachtung über sein relatives Glück, das aus der Resignation stammt, über sein kompromißbereites Leben, das der Lüge bedarf, entgegen; und sie spuckt ihm ihre Gegenposition ins

Gesicht: *Ich will alles, sofort und vollkommen - oder ich will nichts. Ich kann nicht bescheiden sein und mich mit einem Stückchen begnügen, das man mir gibt, weil ich so brav war. Ich will die Gewißheit haben, daß es so schön wird, wie meine Kindheit war - oder ich will lieber sterben.*

Das ist der Kern der Anouilhschen Version der "Antigone": das Nein des Unbedingten zum Relativen, der Wahrhaftigkeit zur Lüge, oder, um mit den Metaphern des Stückes zu reden, des Kindes zum Erwachsensein (Antigone verkörpert als *Jungfrau* geradezu diesen Konflikt des Noch-nicht-Erwachsenseins). Das Ausweglose der Situation liegt darin, daß das Kind unweigerlich auf dieses Erwachsensein zulebt, daß seine Reinheit unweigerlich vergeht, sobald das *Leben* beginnt. Einen Ausweg gibt es nicht: Antigone wählt den Tod, weil sie damit ihre Kindheit nicht aufzugeben braucht: indem sie sterbend ihre Kindheit zu ihrem Leben macht, bestätigt ihr der Tod die Lebendigkeit ihrer Unschuld.

Antigone bewahrt im Tod ihr Selbst. Ihr *ich bin nicht da, zu verstehen. Ich muß nein sagen und sterben* bezeichnet (in Abwandlung des berühmten „Nicht mitzuhassen, mitzulieben bin ich hier" der Antigone des Sophokles) ihre Rolle, der sie nicht entgehen kann - und die sie, eben weil sie an das essentiell Vergängliche, an das Kindliche gebunden ist, nur im Tod erfüllen kann. Die Tragödie dieser Antigone ist keine politische oder religiöse, sondern eine menschlich-private (deshalb ist die Privatisierung des Stoffes durch Anouilh mehr als modischer Putz).

Die Tragödie des Idealisten in der Welt erscheint ohne die Bemühung des Transzendenten in dem trotzigen Nein eines Mädchens zum Leben. Die Geschlossenheit von poetischem Bild (das Kindliche) und philosophischer Idee (das Reine), in der der Konflikt (das Vergehenmüssen, das mit dem Leben zusammenfällt und deshalb nur im Tod überwunden werden kann) aufgehoben ist - dieser stupende Einfall macht Anouilhs Antigone zu einer so betreffenden Gestalt.

Kreon, der genau begreift, woran Antigone stirbt, warnt seinen Sohn: *Einmal kommt für jeden der Tag, da er sich damit abfinden muß, daß er nun erwachsen ist.* Doch Hämon wählt den Weg Antigones. Kreon: *Der Arme . . . er liebt sie.*

Zwar verteidigt Antigone ihr Selbst - aber sie anerkennt auch die Zwangsläufigkeit, mit der Kreon handelt: *Erfülle du deine Aufgabe und hindere mich nicht an der meinen.* Daß Kreons Kompromißbereitschaft als ausgesprochen human begründet erscheint, wurde gesagt - ja, Anouilh benutzt die Figur des Kreon, um die Haltung Antigones mit einem Fragezeichen zu versehen, sie sogar in die Nähe des Inhumanen zu rücken: *Wer ja sagt, muß das Leben fest mit beiden Fäusten anpacken und sich in die Arbeit knien, daß der Schweiß rinnt. Nein sagen ist leicht, selbst wenn man dabei sterben muß . . . Wie feig ist das!*

Die Prinzipien, zwischen denen Antigone zerbricht, erhalten ihre Wertigkeit einzig durch Antigone selbst; ihre Tragik wird also gerade dadurch verschärft, daß die Gegenposition eine objektiv durchaus vertretbare ist - daß sie aber subjektiv für Antigone, wie sie ist, nicht annehmbar ist, weil sie damit sich selbst aufgeben müßte. Ihr *ich bin nicht da, zu verstehen* ist nicht nur Ausdruck ihrer Freiheit gegenüber den von Kreon vertretenen Notwendigkeiten des Lebens, sondern gleichzeitig ihrer Gebundenheit an die eigene Voraussetzung. Antigone ist keine existenzialistische Heldin, die Möglichkeit des Wählens, des Sich-Selbst-Setzens gibt es für Anouilhs Figuren nicht.

Trotzdem hat Antigone eine Freiheit vor Kreon voraus - ihr Schicksal ist nur durch ihr Selbst bestimmt; sie muß sterben, aber dieses Sterben ist nur die Bestätigung der Unversehrtheit und Unverletzlichkeit ihres Selbst: *Ich kann noch nein sagen zu allem, was mir mißfällt. Ich bin mein eigener Richter. Und du, mit deiner Krone, mit deinen Wächtern und deinem ganzen Staat, du kannst mich nur noch töten lassen, weil du einmal ja gesagt hast.* Kreon läßt sich also von andern bestimmen - der Staat wird zum Symbol der sich verselbständigenden

Institutionalisierung des Menschlichen (gegen die das Individuum rebelliert). Kreon, der Herrscher, wird plötzlich zum Objekt, zum Beherrschten. Das Individuum wird abhängig von den Mechanismen der anonymen Institution. Kreon, der handelt, um den Staat zu vermenschlichen, sieht sich gezwungen, zu diesem Zweck das Unmenschliche zu tun. (Und Antigone weist ihn triumphierend darauf hin.) „Rolle" und Selbst sind für ihn nicht identisch, seit er einmal zum Leben, zum Kompromiß ja gesagt hat. Die Sympathie des (jungen) Autors gehört deshalb hier der Neinsagerin. Daß ihre Position durch die Gerechtigkeit, die auch dem Jasager widerfährt, relativiert wird, weist auf Möglichkeit und Richtung der Entwicklung im Werk Anouilhs hin.[16]

3.3 Antigones Machtkampf

Nachdem Antigone gegen sein Verbot verstoßen hat, will Kreon sie zunächst nicht bestrafen und auch seine äußere Überlegenheit noch nicht in besonderem Maße einsetzen. Er behält vielmehr sein Wohlwollen bei und möchte sie, gegen seine eigene offizielle Anordnung, retten. Aber sie lehnt ab. Vielleicht war sie schon zum Machtkampf entschlossen; in jedem Fall nimmt sie ihn jetzt voll auf. Kreons Vernunftargumente sind umsont. Antigone will sie entweder erst gar nicht anhören. Oder sie will sie, wenn sie schon zuhören muß, nicht verstehen. Als Kreon ihr dann die Illusionen über Polyneikes und seinen vermeintlichen Leichnam zerstört, ist sie verwirrt und scheint sogar für einen Augenblick von seinen Argumenten überzeugt zu sein; doch kehrt sie bald zu ihrer Ablehnung zurück und steigert sie schließlich zu herausgeschrieenen Schmähungen. Auch die äußere Gewalt in all ihren Graden kann an ihrer Haltung nichts ändern. Kreons ersten, noch recht harmlosen Versuch, indem er ihr den Arm zusammendrückt, beantwortet sie mit der provozierenden Feststellung:

---

16 Canaris, a. a. O., S. 44-51.

„Vous serrez trop, maintenant. Cela ne me fait même plus mal". Die Drohung mit Folter und Tod und endlich die Auslieferung zur Hinrichtung bringen sie zwar in große Ängste, können sie jedoch nicht umstimmen. Entscheidend bleibt das Nein, das Beharren auf der einmal gewählten Position und damit der Beweis, daß Kreon sie zu nichts zwingen kann.

Kreon kann dem Kampf nicht ausweichen. Da seine Vernunftgründe nicht ankommen, verliert er wiederholt die Beherrschung und läßt sich zu Beschimpfungen Antigones und zu Brachialgewalt hinreißen. Schließlich muß er sie den Wächtern übergeben. Gerade daß er dies eigentlich nicht will, ist Antigones Triumpf; dafür nimmt sie alles auf sich. Sie kann bei ihrer Position bleiben und damit ihre Unabhängigkeit und Freiheit bewahren. Er aber muß sich genau den Zwängen fügen, die aus seiner königlichen Autorität resultieren. Und obwohl er es gut meinte und nach seiner Überzeugung alles für ihn spricht, muß er die Rolle des Bösen übernehmen. Es kommt also zu einer Umkehrung der Konstellation: Kreon ist es, der Angst hat und seine Ohnmacht einräumen und sich fügen muß, und Antigone ist trotz ihres sichtbar jämmerlichen Zustands die wahre Königin: „moi je suis reine". Ihr Schrei „Enfin, Créon!", als dieser sie durch die Wächter abführen läßt, drückt somit nicht nur Erleichterung darüber aus, daß die quälende Diskussion zu Ende ist, sondern ist zugleich soviel wie ein Siegesjubel: Sie hat den Machtkampf gewonnen!

Daß im ganzen, trotz des teilweise hohen Niveaus der Diskussion, das Modell des Machtkampfes zwischen Kind und Erwachsenem dahintersteht, mag zum Abschluß ein drastisches Beispiel aus der letzten Phase der Auseinandersetzung illustrieren: Als Antigone sogar das Aussehen des alternden Kreon verspottet, weiß er sich nicht anders zu helfen; er schüttelt sie und verbietet ihr weiterzusprechen.

Das aber bedeutet, das Verhalten Antigones ist allenfalls „neurotisch" oder „pathologisch" zu nennen, wenn man sich an ihr genanntes Alter von 20 Jahren hält. Betrachtet man sie mehr als ein Kind - auch wenn dazu manches nicht recht passen will -, kann ihr Verhalten als einigermaßen normal angesehen werden. Der Konflikt, der sich immer wieder zwischen den beiden Hauptgenerationen ereignen kann, erscheint hier durch die gegebenen und wohl ein wenig konstruierten Umstände nur in einer speziellen Zuspitzung. Deshalb ist z. B. das „Nein" Antigones nicht in jedem Fall und von vornherein als „Nein" zum Leben aufzufassen. Das wäre ohnehin verwunderlich und würde ihrer vorher vertretenen Einstellung widersprechen. Denn an sich liebt sie das Leben und seine Schönheiten; darauf weist der Sprecher schon gleich am Anfang hin, und sie selbst betont es ausdrücklich gegenüber Ismene und schildert dazu ihre Verbundenheit mit der Natur. Wenn sie also später tatsächlich ein „Nein" zum Leben ausspricht, dann ist dies zunächst einfach das zwangsläufige Kontra zum „Ja" Kreons, so wie sie sich auch sonst gegen ihn stellt. Kreon selber deutet an, daß er dies weiß. Er versteht, daß ein Kind bzw. ein junger Mensch sich so verhalten muß.

Verfolgt man diesen Gedanken noch weiter, so ergibt sich sogar auch eine plausible, wenngleich gewiß anspruchslosere Erklärung für das in der bisherigen Literatur gelegentlich als Hintergrund und bestimmende Macht vorausgesetzte, unentrinnbare Fatum. Es wäre die durchaus übliche Zwangsläufigkeit, die beim zwischenmenschlichen Machtkampf wirksam wird. Eine einseitige Parteinahme für Antigone oder für Kreon jedoch wäre schon deshalb problematisch, weil eben beide in gleicher Weise an diesem Machtkampf beteiligt sind.

So wichtig diese Differenzierungen methodisch sind, kann man doch in Bezug auf die Beobachtungen zum Machtkampf die Handlung ruhig ganz direkt als trivial bezeichnen, ohne damit schon das Werk durchweg verwerfen zu müssen. Mehrere Aspekte sind dazu festzuhalten:

1. Der Machtkampf als eine Grundform zwischenmenschlicher Konflikte ist per se dramatisch und ein ergiebiges und einleuchtendes Muster für die Anlage eines Dramas. Mit anderen Worten, sein Einsatz

kann zumindest nach gattungseigenen Gesichtspunkten sicher überzeugen. Entsprechend hat der Theaterpraktiker Anouilh ähnliche oder
verwandte Handlungselemente auch in anderen Dramen verwertet.

2. Eine gewisse Reduzierung der Perspektiven auf die Maßstäbe
simpler und durchschaubarer Trivialität kann hier durchaus nützlich
sein gegenüber allzu hochfliegenden und esoterischen Interpretati-
onsvorschlägen, sofern diese sich zu weit von der Textgrundlage
entfernen.

3. Mit der prinzipiellen, eigentlich mehr formalen Deutung der
Handlung als Machtkampf werden natürlich andere, mehr inhaltliche
Deutungen nicht ausgeschlossen, so daß sich die Gesamtsicht dann
doch wieder über die Ebene der Trivialität erheben kann.

Gerade wenn man dies akzeptiert und sich, statt unbedingt alle
Details klären zu wollen, zunächst an die allgemeinere Deutung des
Geschehens als Machtkampf hält, kann der Eindruck der völligen
Sinnlosigkeit, der sich beim ersten Überblick einzustellen schien,
gemildert werden. Denn die Gesamtaussage könnte danach zunächst
einfach lauten: Das Leben der Menschen ist so, es gibt nun einmal
solche Machtkämpfe zwischen den Generationen. Sicher bringen sie
oft Leid und Trauer. (Deshalb sollen sich die Erwachsenen auch
darum bemühen, sie zu vermeiden.) Ob man insgesamt die Tatsache
der Machtkämpfe als solche für sinnlos halten soll oder nicht, wird
jedoch wohl   nicht klar mitgeteilt. Es bleibt offen für die eigene
Entscheidung des Zuschauers oder Lesers, und diese wird wiederum
mit von der jeweiligen grundsätzlichen Beurteilung des Lebens abhän-
gen. Dabei braucht es nicht als Flucht vor der Entscheidung oder als
Geringschätzung der Problematik zu gelten, sondern kann auf ange-
messener Behutsamkeit beruhen, wenn man das Ergebnis nicht
sofort eindeutig und endgültig in Worte faßt.[17]

---

17   Eberhardt, a. a. O., S. 179-183.

3.4 „Antigone" auf der Bühne

ANTIGONE

Uraufführung

Vor ein paar Tagen wurde ich zur „freien Premiere" der "Antigone" von Jean Anouilh eingeladen. Die Bezeichnung „freie Premiere" ist wirklich ein Unding. Erst vor einigen Monaten habe ich einer Aufführung desselben Stückes beigewohnt, die - weiß der Himmel - keinerlei Geheimcharakter hatte. Der Snobismus retrospektiven Untergrundgebarens, der immer mehr um sich greift, verstimmt mit Recht alle, die Monate oder Jahre lang ein gefährliches, gehetztes, heroisches Leben geführt haben. Ich denke an die Toten, die Gefolterten, an alle, die heute noch tief in irgendeinem deutschen Kerker langsam dahinsiechen . . .

Das Werk von Anouilh ist außerordentlich beachtenswert. Ich habe es mir ein zweites Mal angesehen und war vielleicht noch stärker ergriffen. Unmöglich, es ohne jenes Frösteln anzuhören, das sich einstellt, wenn etwas uns unmittelbar und bis zum Unerträglichen angeht. Wie beim ersten Male habe ich festgestellt, daß die Zuhörerschaft vom ersten bis zum letzten Wort buchstäblich fasziniert war, trotz der gewollten Herbheit dieser Tragödie, die der Autor im modernen Kostüm spielen läßt, obwohl er das ursprüngliche Thema in seinen Grundmotiven beibehält. Freilich nicht ohne eigenwillige Änderungen. Bei ihm gehorcht Antigone nicht wie bei Sophokles einem angeborenen und unbezähmbaren Respekt vor den ewigen Gesetzen, wenn sie ihren Bruder Polyneikes entgegen dem ausdrücklichen Verbot ihres Onkels Kreon, des Königs von Theben, bestattet. Antigone ist vor allem die starrköpfige Revolutionärin, die im Grunde kaum weiß, warum sie nein sagt, an diesem Nein aber mit ihrer ganzen Energie festhält und nicht zögert, dafür zu sterben. Neu und zutiefst erschütternd in Anouilhs Tragödie ist, daß Kreon, als er von Antigones Ungehorsam erfährt, sie dennoch verschont wissen will. Er verabscheut den Gedanken, sie zu töten; Antigone aber erlaubt ihm nicht,

Milde walten zu lassen. Sie will ihn von der Notwendigkeit überzeugen, seine Drohungen auszuführen und sie in den Tod zu schicken; damit wäre bewiesen, daß er, der Herr, tatsächlich *nicht frei ist,* sondern Gefangener des teuflischen Spiels, das Macht heißt. Damit sind die Rollen vertauscht: der Ankläger bemüht sich, die Angeklagte zu retten, während die Angeklagte erbittert ihre Verurteilung erkämpfen will. Diese Szene ist nicht nur die stärkste, die Anouilh geschrieben hat, sondern auch eine der eindrucksvollsten des zeitgenössischen Theaters überhaupt. Man folgt ihr mit atemloser Spannung, wie bei einem Kampf, in dem der Verlierer schon vorher mit dem Leben abgeschlossen hat. Kreon führt schließlich ein Argument an, das er für ausschlaggebend hält: Antigone weiß ja nicht, was sich tatsächlich zwischen ihren Brüdern abgespielt hat. Eteokles und Polyneikes, die einander getötet haben, waren nämlich üble Burschen, Spieler und Schürzenjäger, einer nicht mehr wert als der andere. Gewiß, Kreon hat das Leichenbegräbnis des Eteokles, des Verteidigers von Theben, prunkvoll feiern und den Leichnam des Polyneikes den Hunden zum Fraß vorwerfen lassen. Aber diese Entscheidung hat nur politische Bedeutung und keine moralische Tragweite. Er konnte sich nicht „den Luxus leisten, in beiden Lagern Lumpen zu haben". Mehr noch, der Kampf hat unter solchen Umständen stattgefunden, und die Leichen waren so verstümmelt, daß man nicht einmal weiß, ob wirklich Polyneikes der Unbestattete ist. So ist die Tat, um derentwillen Antigone sich in einen Todesrausch hineinsteigert, absolut sinnlos, *gegenstandslos* geworden. Zum ersten Male schwankt sie, versagt ihr die Stimme. Sie will gehen und vielleicht endgültig darauf verzichten, ihr Werk zu vollenden. Kreon aber spricht ungeschickterweise von ihrem zukünftigen Glück an der Seite seines Sohnes Hämon, ihres Verlobten, den sie liebt und auf den sie so schweren Herzens verzichtet hatte. Glück! Bei diesem Wort sträubt sie sich. Welches Glück? Was wird das Leben aus diesem Glück machen? Wird es den jungen, strahlenden Hämon nicht in einen runzeligen, liebeleeren und illusionslosen Politiker verwandeln? Antigones Feind ist im Grunde das Leben selbst; was sie Kreon zum Vorwurf macht, ist seine Besonnenheit, die dem Leben dient, sich damit abfindet und es möglichst erträglich zu machen sucht. Somit bedeutet die Freiheit, die Antigone verkörpert, vor allem Ablehnung des Lebens. Und der Autor scheint uns mit Gewalt und gegen alle Vernunft und Wahrscheinlichkeit beweisen zu wollen, daß es zwischen Freiheit und Leben keinen Einklang, keine Ehe gibt - es sei denn, man verstünde unter Leben den unwiderstehlichen Drang, der den Nachtschmetterling zur Flamme treibt, die ihn verbrennt. Aber ist das das Leben? Kann das das Leben sein?

Hier zeigt sich das Trügerische und zugleich Beängstigende des Stückes. Mancher glaubte, darin eine indirekte Verherrlichung des Tyrannen zu erblicken, und wenn ich nicht irre, hat Anouilh wärend der Besatzungszeit in der Pariser Presse Artikel veröffentlicht, die eine so schwere Beschuldigung vielleicht rechtfertigen. Für sich allein genommen, ist das Stück nicht unbedingt so zu verstehen. Ich mache dem Autor vielmehr den Vorwurf, das Problem allzusehr vereinfacht zu haben, so daß es nicht nur für einen Christen, sondern für jeden, der in einer Atmosphäre christlichen Denkens gelebt hat, unannehmbar ist. Es ist gewiß nicht wahr, daß die Freiheit nur im Verweigern besteht, eine solche Vorstellung wäre ein Zerrbild. Sich fügen ist eine freie Handlung. Und es ist nun einmal so, daß wir in einer Welt leben müssen, in die wir uns zu fügen haben und wo dieses Sich-Fügen selbst zu einem Prinzip des Wachsens und der Bereicherung wird. Es genügt aber nicht zu sagen, die Welt eines Anouilh oder Sartre sei eine Welt ohne Trost. Fest steht, daß es ihnen irgendwie in dieser Welt gefällt, was bei den großen Pessimisten der Vergangenheit nie der Fall war. Sie verlangen nach dieser Welt, in der unsinnigen Hoffnung, ihren Freiheitsdrang besser bekunden zu können. Dabei übersehen sie, daß eine Freiheit, die nicht von Säften, die aus göttlicher Wahrheit emporsteigen, gespeist wird, dazu verdammt ist, zu zerstören und sich nur in Wollust und Tod zu entfalten.

ANTIGONE
Neuinszenierung

Neulich habe ich mir Anouilhs "Antigone", die das Atelier-Theater für eine beschränkte Zahl von Aufführungen wieder in seinen Spielplan aufgenommen hat, nochmals angesehen. Ich hatte mir eingebildet, jedermann oder fast jedermann kenne dieses berühmte Stück bereits: ich habe mich getäuscht. Das Haus war Sonntag nachmittag ausverkauft und der Erfolg ebenso durchschlagend wie bei der Uraufführung. Das Stück hält zweifellos stand.

Ob man es mag oder nicht - jedenfalls ist nicht zu bestreiten, daß es zu den stärksten und bedeutsamsten Dramen unserer Zeit gehört. Ich möchte "Antigone" ein Stück nennen, das den Charakter eines Zeugnisses hat, und auf diesen Aspekt möchte ich heute näher eingehen. Es legt Zeugnis ab von einer völlig verkommenen Welt, und wenn seine Ausstrahlung stellenweise kaum erträglich ist, so kommt es daher, daß der Autor sich selbst nicht klar darüber zu sein scheint, was diese Welt eingebüßt hat. Gewiß, im Prinzip brauchen wir uns nicht zu fragen, was ein Dramatiker denkt oder nicht denkt. Hier aber liegt der Fall anders, denn Jean Anouilh hat sich eine seiner Figuren zum Sprachrohr auserwählt. Durch ihren Mund kündigt er uns nicht nur an, was geschehen wird, sondern fühlt sich auch bemüßigt, die Tragödie zu definieren. Nebenbei gesagt, ist dies zweifelsohne eine der Stellen des Stückes, deren man schnell müde werden wird; eine solche Parabase ist für den Zuschauer von heute nur schwer erträglich. "Antigone" lebt sozusagen unter dem Druck verachtungsvollster Anschauungen über das Leben und die Kunst zu regieren. Die Frage ist allerdings, ob unter dieser Perspektive die Tragödie sich nicht selbst aufhebt. Deutlicher ausgedrückt: Tragik scheint mir nur dort bestehen zu können, wo gewissen Werten eine absolute Bedeutung zuerkannt wird. Hier aber sehen wir, wie vor unseren Augen eine Art totaler Abwertung stattfindet. Antigones Entscheidung für den Tod entbehrt tatsächlich jeden positiven Inhaltes. Sie ist lediglich eine Weigerung: Weigerung zu paktieren, Weigerung zu leben -, da Leben letzten Endes immer Verrat bedeutet. Man wird sagen, diese Weigerung sei wenigstens edel. Aber es ist nicht zu übersehen, daß dies nur ein letzter schwacher Abglanz von dem ist, was in vergangenen Zeiten Edelmut und Ehre hieß. Damals entsprangen solche Regungen dem Bekenntnis zu etwas Heiligem, von dem wir hier nur ein verzweifeltes Nachwehen spüren, das zum Untergang in Gleichgültigkeit und Geringschätzung verurteilt ist.

Befremdlich und erschreckend finde ich es indessen, daß dieser Nihilismus die Zuschauer weder zu entrüsten noch zu wundern scheint; ich will nicht behaupten, daß sie ihm beistimmen, aber sie nehmen ihn hin. Soll man sie deswegen tadeln? Gewiß nicht. Ich glaube, man muß sehr viel tiefer gehen. Aus diesem Stück spricht, wahrscheinlich, ohne daß es der Autor gewollt hat, die Verurteilung einer Welt, die so viele Menschen in einen Zustand unterschiedsloser Bejahung zwingt. Was indessen bedenklich stimmt, ist, daß diese Verurteilung, wo sie überhaupt zum Ausdruck kommt, kaum mehr als ein Lippenbekenntnis ist, und es ist zu befürchten, daß sich eine wachsende Zahl junger Menschen - die nicht von positivem Glauben erfüllt sind - an diese Welt gewöhnt, in der man nicht atmen kann. Und was heißt Gewöhnung hier anderes als Übergang vom theoretischen zum praktischen Nihilismus, der im Grunde sehr viel bedrohlicher ist, und sei es nur, weil er kein Leiden mehr kennt. Denn schließlich heißt leiden immer noch Widerstand leisten. Der praktische Nihilismus in einer entgötterten Welt besteht darin, daß sich der Mensch wie ein Wesen verhält, dem nichts mehr heilig ist, kein Gefühl und kein Versprechen, und das sich zynisch irgendwie *durchschlängelt*. Dieser angewandte Nihilismus kann freilich auch noch eine andere, eine masochistische Seite haben. Ihr begegnen wir bei all den unseligen Kreaturen, die blinder Gehorsam, die Wiederholung von Parolen, der Rausch der Phrasen und vor allem die Verfremdung in eine unbegreifliche Begeisterung versetzen. Ja, das stellt zweifellos die unterste Stufe geistiger Erniedrigung dar.

Mag Anouilhs Stück auch noch so viele Vorzüge haben, in gewissem Sinne liefert es einen positiven Beitrag zu diesem Nihilismus. Denn schließlich ist Antigones Weigerung nichts, womit man auf die Dauer leben kann. Man kann dann nur sich in angeblicher Verweigerung fügen, oder in angeblichem Sich-Fügen sich weigern; beide Wege führen zu Zynismus und zu kompromittierenden Haltungen.

Zweifellos werde ich den Einwand zu hören bekommen, ein Dramatiker brauche sich um die moralischen Auswirkungen seines Werkes nicht zu kümmern. Prinzipiell ist das richtig. Es gibt aber eine Frage des Niveaus, die mir außerordentlich wichtig scheint. Auf dem höchsten Niveau, dort, wo das Heilige noch Geltung hat, ist ein solches Abgleiten undenkbar. Gewiß verlange ich von Jean Anouilh nicht ein heuchlerisches Bekenntnis zu etwas, das ihm widerstrebt. Die Pflicht zur Aufrichtigkeit besteht immer. Aber in dieser gefährdeten Welt muß ein verantwortungsbewußter Kritiker darauf hinweisen, daß es eine Rangordnung gibt und daß die Welt eines Werkes wie "Mittagswende" unvergleichbar erhabener ist als die von "Antigone" und den "Schmutzigen Händen". Das ist eine tiefe Wahrheit. Man mag versucht sein, sie im Namen eines mir unverständlichen Historizismus zu verkennen, und gerade darum muß sie um jeden Preis bejaht werden.

Mlle. Elisabeth Hardy, die die Rolle der Antigone übernommen hat, besitzt zweifellos nicht die triebhafte Wildheit von Mlle. Monelle Valentin, wohl aber Adel und einen angeborenen Sinn für das Tragische. M. Jean Servais war in der Rolle des Kreon sehr glaubwürdig, ohne M. Jean Davy ganz vergessen zu lassen.[18]

---

18 Marcel, a. a. O., S. 125-131.

4. LITERATURVERZEICHNIS

4.1 Sophokles:

Antigone. Eine Tragödie, Stuttgart (Reclam 659) 1955.

Vergleiche hierzu:

Giebel, Marion, Sophokles: Antigone. Erläuterungen und Dokumente, Stuttgart (Reclam 8195) 1992.

Kästler, Reinhard, Erläuterungen zu Sophokles: Antigone, 5. Aufl. Hollfeld (KE 41) 1995.

4.2 Mythos, Stoff und Geschichte:

Grant, Michael/Hazel, John, Lexikon der antiken Mythen und Gestalten, 3. Aufl. München (dtv 3181) 1985.

Frenzel, Elisabeth, Stoffe der Weltliteratur, 4. Aufl. Stuttgart (Kröner 300) 1976.

Hinrichs, Ernst, Kleine Geschichte Frankreichs, Stuttgart (Reclam 9333) 1994.

4.3 Französische Textausgaben der „Antigone" von Anouilh existieren in folgenden Verlagen (Schulausgaben):

Didier (Paris), Bordas, collection Univers des lettres (Paris); Cornelsen-Velhagen und Klasing (Bielefeld); Reclam: Fremdsprachentexte Bd. 9227 (Stuttgart); Klett (Stuttgart).

4.4 Übersetzung:

Geiger, Franz, Jean Anouilh – Antigone, 19. Aufl. München (Langen Müller) 1993. Dieser Text ist identisch mit der Fassung in: Französisches Theater des XX. Jahrhunderts, München (Langen Müller) o. J., S. 249 - 300.

4.5 Sekundärliteratur zu Anouilh und zur „Antigone":

Canaris, Volker, Jean Anouilh, 2. Aufl. Velber (Friedrich Verlag) 1971.

Coenen-Mennemeier, Brigitta, Einsamkeit und Revolte. Französische Dramen des 20. Jahrhunderts, Dortmund (Lambert Lensing) 1966.

Eberhardt, Otto, „Antigone" von Anouilh als Darstellung eines Machtkampfes. Die Vermittlung der bisherigen Deutungsvielfalt in einer psychologischen Gesamtdeutung, Die Neueren Sprachen (DNS) 1984, S. 171 - 194.

Firges, Jean, Tragédie et drame: une théorie du théâtre de Jean Anouilh, DNS 1971, S. 215 - 221.

Firges, Jean, Anouilhs „Antigone" – ein Exempel der Pathologie oder der Metaphysik? DNS 1973, S. 595 - 607.

Fowlie, Wallace, Dionysos in Paris. Das französische Theater der Gegenwart, München (Langen Müller) o. J.

Franke, Ludwig u. a., Céder ou résister? Materialien für die neugestaltete Oberstufe. Französisch Leistungskurs. Hessisches Institut für Lehrerfortbildung, Fuldatal I/Kassel 1983, Bd. I, S. 31 - 52.

Frois, Etienne, Anouilh – Antigone, Paris (Hatier: Profil d'une œuvre 24) 1972.

Goebel, Gerhard, Jean Anouilh – Antigone; in: Walter Pabst (Hg.), Das moderne französische Drama. Interpretationen, Berlin (E. Schmidt) 1971, S. 174 - 185.

Hamburger, Käte, Von Sophokles zu Sartre. Griechische Dramenfiguren antik und modern, 4. Aufl. Stuttgart (Kohlhammer) 1968.

Hensel, Georg, Untröstlich und fröhlich. Zum Tod des französischen Dramatikers Jean Anouilh, FAZ vom 5.10.1987.

Jauß, Hans Robert, Racines „Andromaque" und Anouilhs „Antigone", in: Die Neueren Sprachen 1960, S. 428 - 444.

Kerényi, Karl, Antigone, in: Joachim Schondorff (Hg.), Antigone, 3. Aufl. München/Wien (Langen Müller) 1971, S. 9 - 38.

Krauss, Henning, Vom Entweder-Oder zum Weder-noch. Existenti-
alistische ⸱ ⸱⸱⸱ "⸱ H. Wetzel (Hg.),
Französische ⸱ Stuttgart (Metz-
ler) 1982, S. 21.

Marcel, Gabriel, Die Stunde des Theaters, München. (Langen Müller)
o. J.

Mennemeier, Norbert, Das moderne Drama des Auslandes, 2. Aufl.
Düsseldorf (Bagel) 1965, S. 250 - 269.

Mittag, Wolfgang, Moderne und klassische Dramen im Französischunterricht: Anouilhs „Antigone" und Corneilles „Horace", Praxis des
neusprachlichen Unterrichts 1982, S. 53 - 64.

Ostkämper, Fritz, Jean Anouilh – Antigone: in: Hans-Georg Coenen
(Hg.), repères, tôme 2: théâtre, Frankfurt (Hirschgraben) 1986,
S. 117 - 128.

Sartre, Jean-Paul, Mythos und Realität des Theaters, Reinbek (Rowohlt
TB 4422) 1991, S. 35 - 44.

Schoell, Konrad, Das französische Drama seit dem Zweiten Weltkrieg,
Erster Teil, Göttingen (Vandenhoeck und Ruprecht) 1970, S. 59 - 68.

Schrank, Wolfgang, Anouilh – Antigone. Grundlagen und Gedanken
zum Verständnis des Dramas, 1. Aufl. Frankfurt (Diesterweg) 1972.

Seilacher, Hermann, Bühnenwirklichkeit und Lebensauffassung bei Jean
Anouilh, in die Neueren Sprachen 1960, S. 572 - 579.

Siepmann, Helmut, Jean Anouilh, in: Wolf-Dieter Lange (Hg.), Französische Literatur der Gegenwart in Einzeldarstellungen, Stuttgart (Kröner 398) 1971, S. 532 - 559.

Tercero, Carmen, Jean Anouilh. Antigone. Paris (Nathan: coll. Balises)
1992.

Vandromme, Pol, Antigone de Jean Anouilh, Paris (Hachette: collection
Lire aujourd'hui) 1975.

Wolff, Annette, Antigone von Jean Anouilh, Darmstadt (Studiengemein-
schaft Darmstadt) o. J.